Phaedo

斐多

柏拉图对话录

◆[古希腊] 柏拉图 著 ◆杨 绛 译

中国国际广播出版社

图书在版编目（CIP）数据

斐多：柏拉图对话录：英汉对照 / （古希腊）柏拉图著；杨绛译. —北京：中国国际广播出版社，2012.1（2025.3重印）

ISBN 978-7-5078-3373-7

Ⅰ. ①斐… Ⅱ. ①柏…②杨… Ⅲ. ①苏格拉底（前469~前399年）—生平事迹—英、汉②古希腊罗马哲学—英、汉 Ⅳ. ①B502.231

中国版本图书馆CIP数据核字（2011）第156111号

斐多：柏拉图对话录

著　　者	[古希腊] 柏拉图
译　　者	杨　绛
责任编辑	李　卉
版式设计	国广设计室
责任校对	徐秀英
出版发行	中国国际广播出版社有限公司 [010-89508207（传真）]
社　　址	北京市丰台区榴乡路88号石榴中心1号楼2001 邮编：100079
印　　刷	北京启航东方印刷有限公司
开　　本	787×1092　1/32
字　　数	150千字
印　　张	7.25
版　　次	2012 年 1 月　北京第一版
印　　次	2025 年 3 月　第十五次印刷
定　　价	28.00元

杨绛

杨绛先生译柏拉图《斐多》序　言

柏拉图的对话录《斐多》，描绘的是哲人苏格拉底就义的当日，与其门徒就正义和不朽的讨论，以及饮鸩致死的过程。在西方文化中，论影响的深远，几乎没有另一本著作能与《斐多》相比。因信念而选择死亡，历史上这是第一宗。

苏格拉底生在动荡的时代。伯罗奔尼撒的战事，令现存的价值观受到了怀疑。从业石匠的苏格拉底，在雅典的市集内牵引市民参与讨论：什么才是正确的思想和行为。他开创了一个崭新的方法，后世称之为“接生法”：苏格拉底并不作长篇大论，而是提出问题，往返之间，令对手渐渐自缚于矛盾，而从困境中获得新见地。他于公元前399年在雅典受控被判死刑。从柏拉图另一对话录《辩护》中，我们得知他的罪名是误导青年、颠倒是非黑白，以及否定希腊传统神祇的存在。事实上，恐怕嫉妒和毁谤，才是他被控的主因。

苏格拉底本人不曾留下文献。我们可以想知，柏拉图对话录中苏格拉底所说的话，不尽出于其口，其中有不少应是柏拉图借老师的口说话。《理想国》内最脍炙人口的意念论，即是其中一例。苏格拉底的风韵神态令门徒心仪，倒是显然易见的。而这种风韵和他的相貌无关，纯粹是心灵的外发力量。从另一对话录《酒会》中可以得知，他又胖又矮、相貌奇丑、酒量惊人、充满反讽，而非常能言善辩。

在《斐多》中，苏格拉底予人的印象最为活泼而深刻。如果他要苟且偷生，大可以逃往其他城邦，或答应从此保持缄默，不再在雅典街头与人论道。但他不肯背叛他的信念。即在今日，他在就义前从容不惧，与门徒侃侃论道的情景，仍然令人惊叹向往。

在《斐多》中，苏格拉底一再呼唤他内在的“灵祇”，指引他正直的途径。我们可以说，在西方文化史上，苏格拉底第一个发现了个人良知。对他来说，这个内在的声音并不囿于个人，而指向一个更高的层次，是人类共同的价值。哲学既是对智慧和正义的热爱，也就是团结人类社群和宇宙的义理定律。由此观之，哲学是幸福快乐不会枯竭的泉源，因此能战胜死亡。

对苏格拉底的审判和他最后时刻的描述，至今天还是西方伦理学的基础。中国数千年的文化中，自然有不同的传统，但与西方文化也有很多相通的地方。不论在西方或中国，我们都应该感谢杨绛先生把《斐多》译成了中文。推动中西思想和意念的汇合和交流，《斐多》实在是一本最适当的经典著作。

德国莫芝宜佳（博士、教授）敬序

史仁仲　译

译者前言

我这篇翻译根据《勒布经典丛书》（The Loeb Classical Library）版《柏拉图对话集》原文与英译文对照本（英国伦敦 1953 年版）第一册 193—403 页《斐多》篇英语译文转译。英文译者是法乎勒（Harold North Fowler）。

我的参考书有以下几种：

《哈佛经典丛书》（The Harvard Classics）收藏家版本（Collector's Edition）美国格洛列企业公司（Grolier Enterprises Corp.）1980 年版柏拉图对话选的《斐多》英语译文。译者纠微特（Benjamin Jowett）；

《柏拉图的〈斐多篇〉》（The PHAEDO OF PLATO），附有序言及注解，盖德（W. D. Geddes）编，伦敦及爱丁堡 1863 年版；

《柏拉图的〈斐多〉》（PLATO'S PHAEDO），附有评注分析，瓦格纳（William Wagner）编，克来门（Willard K. Clement）修订，波士顿 1894 年版；

《柏拉图〈斐多篇〉》（The PHAEDO OF PLATO），附有序言及注解，威廉逊（Harold Williamson）编，伦敦麦克密伦出版公司1924年版。

人名地名等除了个别几个字可意译，一般只能音译。一个名字往往需用许多字，这一长串毫无意义的字并不能拼出原字的正确读音，只增添译文的涩滞，所以我大胆尽量简化了。不过每个名字不论简化与否，最初出现时都附有原译的英文译名。

本篇对话是苏格拉底（Socrates）受刑那天，在雅典（Athens）监狱里和一伙朋友的谈话；谈的是生与死的问题，主要谈灵魂。全部对话都是参加谈话的斐多向伊奇（Echecrates）讲述的。讲述的地点在弗里乌斯（Phlius），因为伊奇是那个地方的人。

注解是我为读者加的。

在场人物

ECHECRATES 伊奇

PHAEDO 斐多

APOLLODORUS 阿波

SOCRATES 苏格拉底

CEBES 齐贝

SIMMIAS 西米

CRITO 克里

the Servant of the Eleven

监狱的监守人（原译称为“十一名裁判官的仆从”，中译简称“监守”。）

伊奇 斐多啊，苏格拉底在监狱里服毒那天，你和他在一起吗？还是说，那天的事是你听别人讲的？

斐多 我和他一起在监狱里，伊奇。

伊奇 那么我问你，他临死说了些什么话？他是怎么死的？我很想听听。因为近来弗里乌斯（Phlius）人一个都不到雅典去了，弗里乌斯也好久没外地人来。那天的事没人讲得清楚，只说他喝了毒药死了。所以我们对详细情况没法儿知道了。

斐多 你连审判都没听说过？审判怎么进行的也没听说过？

伊奇 听说过。有人讲了。不过我们不明白为什么他已经判处了死刑，还迟迟没有处死。斐多，这是什么缘故呀？

斐多 伊奇，这是偶然。雅典人送往得洛斯（Delos）①的船，恰好在他受审的头天“船尾加冕”②。

伊奇 什么船呀？

斐多 据雅典人传说，从前忒修斯（Theseus）③ 等一

---

① 得洛斯是希腊的一个小岛，相传是太阳神阿波罗(Apollo)出生地，岛上有阿波罗神庙。(译者注)

② 送往阿波罗神庙的船，启程前举行这个典礼。(译者注)

③ 忒修斯是传奇里的英雄。相传克里特（Crete）岛上有个吃人的牛头怪（Minotaur），雅典每年进贡童男童女各七名供牛头怪食用。忒修斯自愿充当一名进贡的童男。他杀了牛头怪，救了同伙。(译者注)

伙十四个童男童女到克里特去的时候，就乘的这条船。他救了自己，也救了同伙的性命。据这个传说，当时雅典人对阿波罗发誓许愿，假如这伙童男女能保得性命，雅典人年年要派送使者到得洛斯去朝圣。从那个时期直到今天，他们年年去朝圣。按雅典的法律，出使得洛斯的船往返期间，城里该是圣洁的，不得处决死囚。这段时期有时很长，因为船会碰到逆风。阿波罗的祭司为船尾加冕，就是出使的船启程了。我不是说吗，那只船是苏格拉底受审的前一天加冕的，所以苏格拉底判了死刑以后，在监狱里还待了很久才处死。

伊奇　斐多，他临死是怎么个样儿？说了些什么话？干了些什么事？哪几个朋友和他在一起？监狱的监管人让他的朋友们进监狱吗？还是他孤单单地死了？

斐多　不孤单，有几个朋友和他在一起，好几个呢。

伊奇　你要是不太忙，请把当时的情况给我讲讲，讲得越仔细越好。

斐多　我这会儿没事，我会尽量仔仔细细地讲给你听。因为，不论是我自己讲苏格拉底，或是听别人讲，借此能想起他，总是我莫大的快乐。

伊奇　好啊，斐多，我的心思正和你的一样，希望你尽量仔仔细细地讲。

斐多　我呀，陪他在监狱里的时候，感情很特殊。如果我看到一个朋友要死了，我心里准是悲伤的，可是我并不。因为瞧他的气度，听他的说话，他是毫无畏惧、而且心情高尚地在等死，我觉得他是快乐的。所以我想，他即使是到亡灵居住的那边去，一路上也会有天神呵护；假如那种地方也有谁会觉得好，那么他到了那里，他的境遇一定是好的。就为这个缘故，我并不像到了丧事场合、自然而然地满怀悲悯，我没有这种感觉。不过我也并不能感到往常听他谈论哲学的快乐，而我们那天却是在谈论哲学。我的心情非常奇怪。我想到苏格拉底一会儿就要死了，我感到的是一种不同寻常的悲喜交集。当时我们在场的一伙人心情都很相像。我们一会儿笑，一会儿哭，尤其是阿波（Apollodorus）——你认识他，也知道他的性格。

伊奇　我当然知道。

斐多　他简直控制不住自己了。我也和别人一样，都很激动。

伊奇　斐多，当时有哪些人在场？①

斐多　有几个雅典本地人。阿波之外，有克里（Crito）和他的儿子以及贺莫（Hermogenes）、艾匹（Epiganes）、依思（Aeschines）和安悌（Antisthenes）。皮阿尼亚（Paeania）区的泽西（Ctesippus）也在，还有梅内

---

① 他们提到的在场者，多半是后世知名的知识分子。（译者注）

(Menexenus)和另外几个雅典人。不过柏拉图（Plato）没在，我想他是病了。

伊奇　有外地人吗？

斐多　有底比斯（Thebes）人西米（Simmias）、齐贝（Cebes）和斐东（Phaedonides）；麦加拉（Megara）的尤克（Euclides）和忒松（Terpsion）。

伊奇　嘿？阿里（Aristippus）和克琉（Cleombrotus）没在那儿？

斐多　他们没在。听说他们俩当时在爱琴岛（Aegina）。

伊奇　还有别人吗？

斐多　我想差不多全了。

伊奇　好吧，你们谈论些什么呢？

斐多　我且给你从头讲起。我和他们一伙前些日子就经常去看望苏格拉底。监狱附近就是他受审的法庭。天一亮我们就在那儿聚会。监狱开门是不早的。我们说着话儿等开门。门开了我们就进监狱去看苏格拉底，大半天的时光都和他在一起。末后那天的早晨，我们集合得特早，因为前一天黄昏，我们离开监狱的时候，听说开往得洛斯的船回来了。所以我们约定大清早就到老地方去会合。我们到了监狱，往常应门的监守出来拦住我们，叫我们等等，等他来叫我们。他说："因为这时候那十一位裁判官正为苏格拉底卸下锁链，并指示今天怎么处他死刑。"过了一会，监守回来叫我们进去。我们进了监狱，看见苏格拉底刚脱掉锁链。任娣（Xanthippe）①，你知道她的，她正坐在苏格拉底身边，抱着他的小儿子。她见了我们，就像女人惯常的那样，哭喊着说："啊，苏格拉底，这是你和你朋友们交谈的末一遭了呀！"苏格拉底看了克里一眼说："克里，叫人来送她回家。"她捶胸哭喊着给克里家的几个佣人送走了。苏格拉底从他的卧铺上坐起来，蜷起一条腿，用手抚摩着，一面说："我的朋友啊，我们所谓愉快，真是件怪东西！愉快总莫名其妙地和痛苦联在一起。看上来，愉快和痛苦好像是一对冤家，谁也不会同时候和这两个一起相逢的。可是谁要是追求这一个而追到了，就势必碰到那一个。愉快和痛苦好像是同一个脑袋下面连生的两个身体。我想啊，假如伊索（Aesop）②想到了这一对，准会编出一篇寓言来，说天神设法调解双方的争执却没有办法，就把两个脑袋拴在一起，所以这个来了，那个跟脚也到。我现在正是这个情况。我这条腿给锁链锁得好痛，现在痛苦走了，愉快跟着就来了。"

讲到这里，齐贝插嘴说："嗨，苏格拉底，我真高兴，你这话提醒了我。你把伊索寓言翻成了诗，又作诗颂扬阿波罗，许多人问起这事呢。前天，艾凡（Evenus）③ 就问

---

① 任娣，苏格拉底之妻。（译者注）

② 伊索，公元前约6世纪的寓言作家。（译者注）

③ 艾凡，职业教师，又是诗人。（译者注）

我说，你从来没作过诗，怎么进了监狱却作起这些诗来了。他一定还要问呢。等他再问，假如你愿意让我替你回答，你就教我怎么回答。”

苏格拉底说：“齐贝，你就把真实情况告诉他。我作这几首诗，并不想和他或他的诗媲美，因为我知道这是不容易的。我只是想试验一下我做的有些梦是什么意思。我屡次在梦里听到一个督促我的声音，叫我作作诗，和文艺女神结交。我生怕疏忽了自己的责任，想知道个究竟。我且说说我的梦吧。我过去常做同一个梦。梦是各式各样的，可是说的总是同一句话。它说‘苏格拉底啊，创作音乐！培育音乐！’我以前呢，以为这是督促我、鼓励我钻研哲学。我生平追随的就是哲学，而哲学是最高尚、最优美的音乐。梦督促我的事，正是我一直在做的事，就好比看赛跑的人叫参赛的人加劲儿！加劲儿！可是现在呢，我已经判了罪，因为节日而缓刑，正好有一段闲余的时间。我想，人家通常把诗称为音乐，说不定梦里一次次叫我创作音乐就指作诗，那么我不该违抗，应该听命。我是就要走的人了，该听从梦的吩咐，作几首诗尽尽责任，求个心安。所以我就作了一首赞美诗，歌颂这个节期的神①。然后我想，一个诗人，如果是真的诗人或创造者②他不仅把

① 指阿波罗。(译者注)

② 按希腊文的字义“诗人”是“创造者”。(译者注)

文字造成诗句，还该创造故事。我不会创造故事，就把现成熟悉的伊索寓言改成诗。齐贝，你把这话告诉艾凡吧，说我和他告别了；并且劝告他，假如他是个聪明人，尽快跟我走吧。看来我今天得走了，因为这是雅典人的命令。”

西米说：“什么话呀！苏格拉底，给艾凡捎这种话！我和他很熟，据我对他的认识，我敢说，他除非万不得已，绝不会听你的劝告。”

苏格拉底说：“为什么呢？艾凡不是哲学家吗？”

西米说：“我想他是的。”

“那么，艾凡会听从我的劝告。任何人如果对哲学真有爱好，都会听取我的劝告。不过，话又说回来，他不该自杀。据说，这是不容许的。”苏格拉底一面说话，一面把两脚垂放下地。他从这时起，直到我们谈话结束，始终这么坐着。

齐贝就问他说：“苏格拉底，你既然说哲学家愿意追随去世的人，为什么又说自杀是不容许的呢？”

“怎么的，齐贝？你和西米都是费洛（Philolaus）① 的门弟子，你们就没听到他讲这个问题吗？”

“苏格拉底啊，我们没听到他明明白白地讲。”

“我自己也只是听人家传说。不过我很愿意把我听到的话再说一遍。现在我就要到另一个世界去了。讲讲那边

① 费洛，当时希腊有名的哲学家。（译者注）

儿的事、想想我们对这些事的看法，也正是时候了。因为从现在到太阳西落，我还能做什么更合适的事呢?”

“那么，苏格拉底，你告诉我，到底为什么自杀是不容许的。我和费洛同住在一个城里的时候，我听他说过和你刚才讲的一样的话，也听到别人说过，说是一个人不准自杀。可是谁也没给我讲明白他的那番道理。”

苏格拉底说：“你得有胆量，也许你会听到些道理的。不过你也许会觉得奇怪，唯独这条法规绝对严格，不像人类对别的事可以有例外，尽管有时候有人宁愿死也不要活着；也许你会觉得奇怪的，一个人到了生不如死的境地，对自己行个好事就成了不敬神明，却非得要等别人来对他行好。”

齐贝温和地笑着吐出了家乡语：“是啊，我的老天爷，我就是觉得奇怪呀!”

苏格拉底说：“这话啊，照我刚才这么说，听来好像不合理。不过呢，也许还是有点道理的。有人私下里有一套理论，把人比作监狱里的囚犯，囚犯不得擅自打开牢门逃走。我觉得这套理论很深奥，不容易懂。不过，齐贝啊，至少我相信是有理的。我们有天神守护，天神是我们的主子。你相信吗?”

齐贝说：“对，我相信的。”

苏格拉底说：“那么，假如属你管辖的牲口，没得到你处死它的命令，擅自把自己毁灭了，它不招你生气吗?

假如你能惩罚它，你不就要惩罚它吗?”

齐贝说：“这当然。”

“那么，一个人不该自杀，该等天神的命令，说来也该是有理的啰。像我吧，就是天神在召我了。”

齐贝说：“你这话好像是有理的。不过，苏格拉底，你刚才说，哲学家应当心上早有准备，情情愿愿地死；你这会儿又说，我们有天神守护着，天神是我们的主子。假如你这会儿的话是对的，那么你刚才的那句话就怪了。因了天神是最好的主子。天神守护着我们呢。一个绝顶聪明的人，离开自己的好主子而不感到苦恼是不合理的。聪明人绝不以为他一旦获得自由就能自己照管自己，比天神还高明。傻子也许会这么想，以为他应该逃离主子，就不想想自己不应该离开好主子，能跟他多久就跟多久。所以傻子会没头没脑地逃走，而聪明的人总愿意和比自己高明的主子永远在一起。苏格拉底啊，我们这话和你刚才说的恰好相反，可是我们这个看法好像是对的呀。因为聪明人面临死亡该是苦恼的，傻子才会高兴。”

苏格拉底瞧齐贝这么认真，露出赞许的神色，瞧着我们说：“齐贝老爱叮着问。随你什么人，说什么话，他终归是不肯信服的。”

西米说：“哎，苏格拉底，我觉得齐贝这次说的不错。因为真正聪明的人，凭什么要离开比自己更高明的主子呢？而且我觉得齐贝正是在说你。你自己承认，守护我们的天神是好主子，你却又急着要离开我们和守护着你的天神。”

苏格拉底回答说：“你说得有道理。你认为我也该像在法庭上那样回答你们的谴责吧？”

西米说：“就是。”

苏格拉底说：“那么我得想想怎么先给你们一个好的印象。我在法庭上为自己辩护的时候，我给法官的印象不够好。按说，我临死不觉得悲苦是不合理的。可是我深信，我正要跑到另一些聪明善良的天神那儿去；那边还有已经去世的人，他们比这个世界上的人好。反正你们可以放心，我到了那边会碰到好人，尽管这一点我并不敢肯定。不过那边的天神都是好主子，这是千真万确的。所以有关主子的事我不用愁苦，而且我大有希望，人死了还有一份储藏等待着他呢。照我们的老话，好人所得的，远比坏人的好。”

西米说：“哎，苏格拉底，你打算抱定自己的主张上路了，你那主张就不让我们知道吗？你说的好人所得的好，我觉得我们大家都有份儿呀。而且，你如果能说得我们信服，你也就是回答了我们对你的谴责。”

苏格拉底说：“我会尽我的力量叫你们信服的。不过克里好像有什么话要说，他等了好一会了，我们先听听他的话。”

克里说：“没什么，苏格拉底，只是那个照管给你喝毒药的人直在跟我唠叨，叫我警告你，尽量少说话。他说，话说多了，身上发热，影响毒性发作；有时候，罪人要是说话太多，毒药得喝个两遍，甚至三遍。”

苏格拉底说：“别理他，叫他尽自己的责任，准备给我喝两遍药，如果有必要，就喝三遍。”

克里说：“我简直拿定你会这么说的。可是他跟我唠叨了好一会儿了。”

苏格拉底说：“别理他。你们现在是我的审判官。我现在正要回答你们的谴责。我要跟你们讲讲：一辈子真正追求哲学的人，临死自然是轻松愉快的，而且深信死后会在另一个世界上得到最大的幸福。西米和齐贝啊，我且把这番道理给你们讲个明白。

“许多人不懂哲学。真正的追求哲学，无非是学习死，学习处于死的状态。他既然一辈子只是学习死、学习处于死的状态，一旦他认真学习的死到了眼前，他倒烦恼了，这不是笑话吗？”

西米笑着说：“嗨，苏格拉底啊，我这会儿虽然没兴致笑，你却招我笑了。因为我想到世上万万千千的人，如果听到你形容哲学家的话，准会说你这话很对：我们家乡人对你的话也会完全同意，说哲学家求的就是死；他们还会加上一句，说他们看透了哲学家，哲学家就是该死的。”

苏格拉底说：“西米，他们说的也有道理，但是他们看透了哲学家这句话不对。因为他们并不明白真正的哲学家怎么样儿要求死，怎么样儿应该死，哲学家要求的死又是什么样儿的死。不过这话我们先搁一搁，我们且说说，我们认为人世间有死这回事吗?”

西米说：“当然有啊。”

苏格拉底说：“我们认为死就是灵魂和肉体的分离；处于死的状态就是肉体离开了灵魂而独自存在，灵魂离开了肉体而独自存在。我们不是这样想的吗？死，不就是这么回事儿吗?”西米回答说：“不错呀，就是这么回事儿。”

“好，我的朋友，我还有个问题要听听你的意见。如果我们意见一致，我们当前的问题就能说得更明白了。你认为一个哲学家会一心挂念着吃吃喝喝这类的享乐吗?”

西米说：“苏格拉底，他绝不会的。”

“对爱情的快乐呢？他在意吗?”

“绝不在意。”

“好，还有其他种种为自己一身的享用，比如购买华丽的衣服呀，鞋呀，首饰呀等等，你认为一个哲学家会很在意吗？除了生活所必需的东西，他不但漫不在意，而且是瞧不起的。你说呢?”

西米回答说：“照我看，真正的哲学家瞧不起这些东西。”

“那么，你是不是认为哲学家不愿把自己贡献给肉体，而尽可能躲开肉体，只关心自己的灵魂呢?”

“是的。”

“我们首先可以说，哲学家能使灵魂超脱肉体。在这方面，哲学家比别人更有本领。这不是很明显的吗？”

“是的。”

“世上多数人准以为活一辈子不享受肉体的快乐，就活得冤枉了。谁要是对肉体的享乐毫不在意，他就和死人差不多了。”

“这话很对。”

“好，我们再说说怎样去寻求真纯的知识吧。如果和肉体一起去寻求智慧，肉体是帮手还是阻碍呢？我是说，人的视觉、听觉真实可靠吗？诗人经常对我们说，我们看见的、听到的都是不正确的，这话对吗？可是视觉、听觉如果都不正确、不可靠，其他的感觉就更不用说了。视觉、听觉还是最可靠的感觉呢。你说不是吗？”

西米回答说：“我觉得一点儿不错。”

“那么，什么时候灵魂能求得真实呢？因为带着肉体去探索任何事物，灵魂显然是要上当的。”

“是啊。”

“那么，灵魂如要求得真理，只能在思想里领会到一点儿吧？”

“是的。”

“如果思想集中，不受外物干扰——一切声音、形象、痛苦、喜乐都没有，尽量撇开肉体，脱离肉体的感受，专心一意地追求真实，这该是最适于思想的境界吧？”

“是的。”

“就为这个缘故，哲学家的灵魂很瞧不起肉体，并且避开肉体，争求孤独自守。不是吗？”

“显然是的。”

“那么，西米，我再问你一件事。绝对的公正，我们认为有？还是没有？”

“我们一定认为有。”

“绝对的美，绝对的善，有没有？”

“当然有。”

“你们有谁亲眼看见过吗？”

“确实没有。”

“或者由别的任何感觉接触过没有？我指人的感觉接触不到的许多东西呢。例如体积的大小、健康、力量等——就是说，每一件东西底子里的实质。我们能由肉体来思考这种种事物的实质吗？一个人观察事物而要了解事物底子里的实质，他先得非常尽心地做好准备，才能接触到这点知识。该这么说吧？”

“就该这样说。”

“一个人观察事物的时候，尽量单凭理智，思想里不搀和任何感觉，只运用单纯的、绝对的理智，从每件事物寻找单纯、绝对的实质，尽量撇开视觉、听觉——一句话，撇开整个肉体，因为他觉得灵魂有肉体陪伴，肉体就扰乱了灵魂，阻碍灵魂去寻求真实的智慧了。能这样单凭理智而撇开肉体的人，该是做了最完好的准备吧？西米，这个人该比任何别人更能求得真实的智识吧？”

西米回答说：“苏格拉底，你说得千真万确。”

苏格拉底说：“那么，真正热爱智慧的人，经过这番考虑，都会同意说：‘我们找到了一条捷径，引导我们和我们的论证得出这么个结论——就是说，我们追求的既是真理，那么我们有这个肉体的时候，灵魂和这一堆恶劣的东西搀和一起，我们的要求是永远得不到的。因为这个肉体，仅仅为了需要营养，就产生没完没了的烦恼。肉体还会生病，这就阻碍我们寻求真理。再加肉体使我们充满了热情、欲望、怕惧、各种胡思乱想和愚昧，就像人家说的，叫我们连思想的工夫都没有了。冲突呀，分帮结派呀，战争呀，根源在哪儿呢？不都是出于肉体和肉体的贪欲吗？为了赚钱，引发了战争；为了肉体的享用，又不得不挣钱。我们都成了这类事情的奴隶了。因此我们没时间研究哲学了。还有最糟糕的呢。我们偶然有点时间来研究哲学，肉体就吵吵闹闹地打扰我们思考，阻碍我们见到真理。这都说明一个道理：要探求任何事物的真相，我们得甩掉肉体，全靠灵魂用心眼儿去观看。所以这番论证可以说明，我们要求的智慧，我们声称热爱的智慧，在我们活着的时候是得不到的，要等死了才可能得到。因为如果说灵魂和肉体结合的时候，灵魂不能求得纯粹的知识，那么，或是我们压根儿无法寻求纯粹的知识，或者呢，要等死了才能得到。人死了，非要到死了，灵魂不带着肉体了，灵魂才是单纯的灵魂 。我们当前还活着呢，我想，我们要接近知识只有一个办法，我们除非万不得已，得尽量不和肉体交往，不沾染肉体的情欲，保持自身的纯洁，直等到上天①解脱我们。这样呢，我们脱离了肉体的愚昧，自身是纯洁的了，就能和纯洁的东西在一起，体会一切纯洁的东西——也许，这就是求得真实了。因为不纯洁的不能求得纯洁。’我想，西米啊，真正热爱知识的人准是都这样想的。你觉得对吗?”

“苏格拉底，你说得对极了。”

“假如我这话对，我的朋友啊，等我到了我要去的地方，我一辈子最关切的事就大有希望可以实现了。现在指定我动身的时刻已经要到了，我就抱着这个美好的希望动身上路。不光是我，凡是相信自己的心灵已经清洗干净，有了准备的，都可以带着这个希望动身。”

西米说：“的确是的。”

“清洗干净，不就是我们谈话里早就提到的吗？我们得尽量使灵魂离开肉体，惯于自己凝成一体，不受肉体的牵制；不论在当前或从今以后，尽力独立自守，不受肉体枷锁。你说是不是啊?”

---

① 原译文 God，如译“上帝”，就和基督教的耶和华（Jehovah）相混了，所以译为“上天”。(译者注)

西米说："肯定是的。"

"那么，我们所谓死，不正是这里说的灵魂和肉体的解脱和分离吗？"

西米说："正是啊。"

"我们认为真正的哲学家，唯独真正的哲学家，经常是最急切地要解脱灵魂。他们探索的课题，就是把灵魂和肉体分开，让灵魂脱离肉体。你说不是吗？"

"显然是的。"

"那么，我一开头就说过，假如一个人一辈子一直在训练自己，活着要保持死的状态，他临死却又苦恼是荒谬的。这不是荒谬吗？"

"当然是荒谬的。"

"其实，西米啊，真正的哲学家一直在练习死。在一切世人中间，唯独他们最不怕死。你该照这样想想：他们向来把肉体当作仇敌，要求灵魂超脱肉体而独立自守，可是到了灵魂脱离肉体的时候，却又害怕了，苦恼了，他们寄托毕生希望的地方就在眼前了，却又不敢去了，这不太愚蠢了吗？他们不是一直在追求智慧吗？他们不是仇恨拖带着的肉体，直想避开肉体吗？很多人死去了亲人、妻子或儿子，都愿意到那一个世界去，指望见到生前爱好的人，和他们在一起呢。一个真正热爱智慧的人，而且深信只有到了那个世界上才能找到智慧，他临死会悲伤吗？他不就欢欢喜喜地走了吗？我的朋友，假如他是一个真正的哲学家，他临死绝不会愁苦的。因为他有坚定的信念，唯有到了那边，才能找到纯粹的智慧，别处是找不到的。照这么说，哲学家怕死不就非常荒谬吗？”

西米说：“确是非常荒谬。”

苏格拉底说：“西米啊，如果你看到一个人临死愁苦，就足以证明他爱的不是智慧，而是肉体，也许同时也爱钱，或是权位，也许又爱钱又爱权位。不是吗？”

西米说：“你这话很对。”

苏格拉底接着说：“西米啊，所谓勇敢，是不是哲学家的特殊品格呢？”

西米说：“准是的。”

“一个人不受热情的激动，能约束感情而行为适当，通常称为节制。自我节制，只有瞧不起肉体、一生追求哲学的人，才有这种品格吧？”

西米说：“应该是的。”

苏格拉底说：“假如你仔细想想，一般人的勇敢和节制，其实是荒谬的。”

“苏格拉底，这话可怎么讲呀？”

苏格拉底说：“哎，你不知道吗？一般人都把死看作头等坏事的。”

西米说：“他们确是把死看作头等坏事的。”

“勇士面临死亡的时候并不怕惧，他们是怕遭受更坏的坏事吧？”

“这倒是真的。”

“那么，除了哲学家，一般人的勇敢都是出于害怕。可是，勇敢出于怕惧和懦怯是荒谬的。”

“确是很荒谬。”

“关于节制，不也是同样情况吗？他们的自我克制是出于一种自我放纵。当然，这话听来好像不可能。不过他们那可笑的节制，无非因为怕错失了自己贪图的享乐。他们放弃某些享乐，因为他们贪图着另一种享乐，身不由己呢。一个人为享乐而身不由己，就是自我放纵啊。他们克制了某些享乐，因为他们贪图着另一些享乐，身不由己。我说他们的自我节制出于自我放纵，就是这个意思。”

“看来就是这么回事。”

“亲爱的西米啊，我认为要获得美德，不该这样交易——用这种享乐换那种享乐，这点痛苦换那点痛苦，这种怕惧换那种怕惧；这就好像交易货币，舍了小钱要大钱。其实呀，一切美德只可以用一件东西来交易。这是一切交易的标准货币。这就是智慧。不论是勇敢或节制或公正，反正一切真正的美德都是由智慧得到的。享乐、怕惧或其他各种都无足轻重。没有智慧，这种那种交易的美德只是假冒的，底子里是奴性，不健全，也不真实。真实是清除了这种虚假而得到的净化。自制呀，公正呀，勇敢呀，包括智慧本身都是一种净化。好久以前，创立神秘宗教的教主们说，凡是没受过启示、没经过圣典净化的人，到了那个世界上就陷到泥淖里了；而受过启示、经过净化的人就和天神住在一起。我想呀，说这话的不是愚昧无知，他们的话里包含着一番道理呢。据他们说，'多数人不过是举着太阳神的神杖罢了，神秘主义者只有少数'。照我的解释，神秘主义者就是指真正的哲学家。我一辈子尽心追求的，就是要成为一个真正的哲学家。我追求的办法对不对，我成功没有，我相信一会儿我到了那个世界上，如蒙上天允许，我就知道究竟了。西米和齐贝啊，这就是我对你们谴责的回答。我就要离开你们了，就要离开这个世界上主管着我的主子了，可是我既不悲伤，也不愁苦，我是有道理的。因为我相信，我到了那个世界上，我会找到同样好的主子和朋友。但愿你们比雅典的裁判官们更能听信我的话；我能叫你们信服我就满意了。"

苏格拉底说完之后，齐贝回答说："苏格拉底，你的话，大部分我是同意的。不过说到灵魂呢，一般人不大会相信。他们怕的是灵魂离开了肉体就哪儿都没有了。人一死，灵魂也就消灭了。灵魂离开了肉体，马上就飞掉了，哪儿都没有了，就像烟或气那样消失了。假如灵魂摆脱了你刚才说的种种肉体的坏处，自己还能凝成一体，还有个什么地方待着，那么，苏格拉底，你那个幸福的希望就很有可能真会落实。不过，要说人死了灵魂还存在，并且还有能力，还有灵性，那就还需要好一番论证呢。"

苏格拉底说："齐贝，你说得对。我们现在干些什么呢？你是不是愿意继续谈论这个题目，瞧我说的那一套是否可能啊？"

齐贝说："我愿意。我想听听你对这事是怎么想的。"

苏格拉底说："好吧。我想谁要是听到这会儿的话，即使是一位喜剧作家①，也不会骂我对不相干的事说废话。你要是愿意，我们就把这问题讨论到底。

"我们先想想，死人的灵魂是不是在下界的那个世界上。有个古老的传说，我们都记得。据说死人的灵魂从这个世界到那个世界，然后又转世投生。假如这是真的，假如活人是由死人转世回生的，那么，我们的灵魂准待在那个世界上呢。不是吗？假如我们的灵魂一个都没有了，怎么能转世回生呢？转世回生的说法如果能够证实，灵魂的存在就有充分根据了。如果这个根据还不足为证，那就需要别的论据了。"

齐贝说："当然。"

苏格拉底说："我们现在就来讨论这个问题。我们不要单讲人，也讲讲一切动物、植物或一切产生出来的东西，就容易讲得明白。我们先确定一下：如果一切东西都有相反的一面，这些东西是不是都从相反的那一面产生的，而且只能从相反的那一面产生。比如说吧，高贵是低

---

① 同时代的大喜剧作家常嘲笑苏格拉底。（译者注）

贱的相反，公正是不公正的相反。这种相反的一对对不知还有多少呢。一切事物，凡是有相反的一面，它一定就是从这相反的一面产生的，而且只能由这相反的一面产生。我们且瞧瞧相反相生是不是一切事物必然的道理。比如说，一件东西变得大一点儿了，必定是从它原先的小一点儿变成大一点儿的。”

“对呀。”

“如果一件东西变得小一点儿了，那东西一定原先是大一点儿的，然后变得小一点儿了，不是吗?”

“这倒是真的。”

“弱一点儿是从强一点儿产生的。慢一点儿是从快一点儿产生的。不是吗?”

“是的。”

“更坏从更好产生，更公正从更不公正产生。对不对呀?”

“当然对。”

苏格拉底说：“那么，一切事物都是这样相反相生的。这件事充分证实了吧?”

“证实了。”

“还有呢，每一对相反的事物中间，总有两种变化：变过来又变过去。大一点儿和小一点儿中间的变化就是增加和减少，我们就说这边儿加了，那边儿减了。是不是呀?”

齐贝说："是的。"

"还有其他类似的变化呢。例如分解和组合，冷却和加热。相反的东西，都这样从一个状态变成相反的状态。尽管我们有时候说不出这些变化的名称，这些东西免不了总是从这一个状况变成相反的状态。不是吗？"

齐贝说："确实是的。"

苏格拉底说："那么，比如说，醒是睡的反面，生也有个反面吧？"

齐贝说："当然有啊。"

"反面是什么呢？"

齐贝说："死。"

"生和死既是相反的两件事，生和死中间的变化，也无非是变过来又变过去呀！生和死不就是相反相生的吗？"

"当然是的。"

苏格拉底说："刚才我说了两对相反的事。现在我给你讲讲其中一对经过了怎样的变化，相反的又变为相生。另一对相反的事就由你来对我讲。我刚才说了睡和醒两件事。醒是由睡产生的，睡是从醒产生的。变化的过程是原先醒着，然后睡着了；睡着了呢，又醒过来了。这话你同意不同意啊？"

"完全同意。"

"你就把生和死的变化，照样儿给我讲讲。你不就要说，生是死的反面吗？"

“是这么说。”

“生和死不是相反相生的吗?”

“是的。”

“从生产生什么?”

齐贝说:“死。”

苏格拉底说:“从死又产生什么呢?”

“生,我只能这么回答。”

“那么,齐贝,无论是人是物,活的都是从死的产生的吧?”

齐贝说:“这很明显。”

苏格拉底说:“那么,我们的灵魂是在那一个世界上待着呢。”

“看来是这么回事。”

“在生和死的变化里,只有一个过程是看得见的,因为死显然是看得见的。不是吗?”

齐贝说:“确实是的。”

苏格拉底说:“那么,我们下一步怎么说呢?变回来的那一过程,我们就不承认了吗?自然界向来是周全的,不会在这一件事上只顾一面呀。我们是不是还得承认,死又向反面转化呢?”

齐贝说:“我们得承认。”

“这个过程是什么呢?”

“又活过来了。”

苏格拉底说："假如有死了又活过来的事，那不就是由死转化为生吗?"

"是啊。"

"我们由此可以得出结论，正像活的会变成死的，死的就也会变成活的。照这么说，我觉得充分证明了死人的灵魂总有个地方待着，等候回生呢。"

齐贝说："是的，苏格拉底，根据我们已经确认的事实，这个结论是必然的。"

苏格拉底说："齐贝，我觉得这些论断都没错儿。我还可以用另一个方法来证实呢。假如生生死死的一代又一代只是一直线地从一头走向另一头，没有来回来回的圆转循环，那么，你看吧，到头来所有的东西都成了同一个形式，没有别的变化了，也不再代代相承了。"

齐贝说："你这话是什么意思呀?"

苏格拉底说："这话一说就明白。打个比方吧，如果睡只有一顺的过程，没有反面；睡过去了就不再醒过来，那么，睡眠的安狄明（Endymion）① 还有什么意思呢? 他就一睡不醒了；别人和别的东西也都和他一样，直在沉沉地睡了。再说吧，如果物质只有混合而没有分解，那么，

---

① 希腊神话，安狄明是个美貌的牧童。月亮女神看中了他，使他每夜安睡不醒，她能夜夜欣赏他的美貌而不受干扰。（译者注）

安那克沙戈拉（Anaxagoras）① 所说的‘世间万物是一片混沌’就实现了。所以啊，亲爱的齐贝，假如有生命的东西都得死，死了永远是死的，那么，到末了，一切东西不全都死了，再没有活的了吗？因为活的东西假如不是从死里回生，而由别处受生，活的都得死，到头来，世上一切东西不都给死吞没了吗？能逃避这个结局吗？”

齐贝说：“我看这就不可避免了，苏格拉底呀，你的话，我觉得完全是对的。”

苏格拉底说：“齐贝，我这话千真万确。我们刚才一一肯定的，都不是睁着眼睛说瞎话。转世回生是真有这么回事的。活的从死的产生，人死了灵魂还存在，都是实在的事。”

齐贝接着说：“还有呢，苏格拉底，你爱说认识只是记忆。假如这话是对的，我们有前生的说法就多了一个证据。必须是我们生前已经有了认识，今生才能记得呀。我们的灵魂投入人身之前，已经有这个灵魂了，而且在什么地方待着呢，不然的话就不可能记忆。所以这是灵魂不死的又一个论证。”

西米说：“齐贝，我可要问问你，认识只是记忆的说法有什么证据吗？你提醒我一下呀，因为我这会儿就记忆

---

① 安那克沙戈拉，古希腊哲学家（公元前 500？—前 428？）。他认为原始是一片混沌，无尽数的物质综合成各种形体。（译者注）

不起啊。”

齐贝说：“这很容易证明。你可以向人家提问题，只要你问得好，他就会把自己知道的事一一如实告诉你；他不大知道或是不明白的，他就答不上。你要是让他认个数学的图表之类，更能说明问题。”

苏格拉底说：“西米啊，你要是不信他的话，我用另一种方法，来给你解释好不好？认识怎么能是记忆呢，看来你还不大相信。”

西米说：“我不是不相信。不过我们这会儿讲的记忆，我还记忆不起来。我听了齐贝的话，开始记忆起来了，也开始相信了。不过我还是想听听你有什么说法。”

苏格拉底说：“那你就听我说吧。一个人记得什么事，一定是他从前已经知道的事。这话我们都同意吧？”

西米说：“同意啊。”

“由从前知道的事而得到的认识，就是记忆。这话你也同意吗？我是说：假如一个人曾经听到、看到或者由别的方式认识了一件东西，他以后不但认识这一种东西，还附带着认识到一些不相同的旁的东西。我们能不能说，他认识到的就是他记起来的。能这样说吗？”

“不懂你这话什么意思。”

“我给你举个例。认识一只七弦琴和认识一个人，不是同一回事儿吧？”

“当然不是。”

“那么，你大概知道，一个情人看到自己心爱的人经常弹的七弦琴，或者经常穿的衣服、或经常用的东西，他一看到这只琴，心眼儿里就看见了这只琴的主人，你说有这事吧？这就是记忆啊，正好比有人看见了西米往往会记起齐贝一样，这类的事还说不尽呢。”

西米说：“这倒是真的。”

苏格拉底说：“这种事不就是记忆吗？尤其是年长月久、不在意而忘掉的事。”

西米说：“是记忆。”

苏格拉底说：“好，我再问你，一个人会不会看见一匹马的图像，或是一只七弦琴的图像而记起一个人来呢？会不会看了西米的画像而记起齐贝来呢？”

“准会。”

“他看了西米的画像，能记起西米本人来吗？”

西米说：“会。”

“从以上所举的例子，可见相像和不相像的东西，都引起记忆。是不是啊？”

“是的。”

“一个人如果看到相像的东西而引起了记忆，他是不是一定也会想想，他记忆里的东西和眼前所见的是不是完全相像？他会这么想吧？”

西米说，“一定会。”

“那么，还有句话你说对不对。我们所谓‘相等’是有这么回事的。我不是指这块木头和那块木头相等，这块石头和那块石头相等，或其他各式各样的相等，我指的是超越了种种东西的相等，另有个抽象的相等。有吗？我们能说有这么个相等吗？”

西米说：“有，我坚决肯定有。”

“什么是抽象的相等，我们懂吗？”

西米说：“当然懂。”

“我们这点儿知识是从哪儿来的呢？不是从我们刚才讲的这种那种东西来的吗？我们不是看到了木块儿和木块儿相等、石块儿和石块儿相等，从这种、那种物质的相等而得到了相等这个概念吗？概念里的相等，和这种那种物质的相等并不是一回事，你承认吗？我们不妨从另一个角度来说。那几块木头和木头、石头和石头，有些方面相等，有些方面却不相等，有这事吧？”

“当然有啊。”

“可是绝对的相等，能有哪方面不相等吗？抽象的相等，能不相等吗？”

“不能，苏格拉底啊，绝对不能。”

苏格拉底说：“那么，刚才说的这样那样的相等，和抽象的相等不是一回事。”

“我得说，苏格拉底啊，绝不是一回事。”

苏格拉底说：“抽象的相等，尽管和这样那样的相等不是一回事，可是这个概念，这点知识，不还是从这样那样相等的东西得到的吗?”

西米说:“是的呀。”

“抽象的相等，和这样那样东西的相等，也可以像，也可以不像，是吧?”

“是的。”

苏格拉底说:“这没关系，反正你看到了一件东西，就想起另一件东西，不管像不像，你终归是经过了一番记忆。”

“确实是的。”

苏格拉底说:“我们不是正在讲同等数量的木头或别的东西吗?我们觉得这样那样的相等，和抽象的相等不完全一样吧?这样那样的相等是不是比抽象的相等还差着点儿呢?”

西米说:“差多着呢。”

“如果有人看到了一件东西，心想，‘这东西我好像曾经见过，可是不一样，还差着点儿，比不上。’我们是不是可以说，这人从前准见识过那另一件东西，所以照他看，像虽像，却是比不上。”

“我们准会这么说。”

“这不就和我们这会儿讲的正是同样情况吗?某些东西相像，不过并不是抽象的相等。”

“对呀。”

“那么，我们一定是早已有了相等这个概念，所以看到相像的东西，就觉得像虽像，却不是概念里的相等，还差着点儿。不是吗？”

“确实是的。”

“我们也承认，相等这个概念是从种种感觉里得到的。没有视觉、触觉或其他种种感觉，就得不到抽象概念。我认为不论哪种感觉，反正都是感觉。”

“是的，苏格拉底，在我们这会儿的辩论里，种种不同的感觉都一样是感觉。”

“那么，我们总是从感觉里得到这点认识的，就是说，我们感觉到的东西，总像曾经认识的，像，却不是绝对相等，还差着点儿。我们是这个意思吧？”

“是的。”

“那么，我们开始用眼睛看、耳朵听，或者运用任何感觉的时候，我们已经从不知什么地方，得到这个相等的概念了。不然的话，我们怎会觉得这东西像那东西，却又不是绝对相等呢？”

“苏格拉底啊，我们从上面的话里，只能得出这个结论呀。”

“而我们的视觉、听觉和其他感觉，不是一生出来就有的吗？”

“当然。”

“那么，我们就该说，我们有感觉之前，早已有了相等的概念了？”

“是的。”

“照这么看来，我们出生之前，已经有这点知识了。”

“是的。”

“假如我们出生之前，已经有这点知识了，我们出生的时候就是带着这点知识来的，那么我们出生之前、在出生的那个时刻，所有的这类概念——不仅仅是相等呀、比较大呀、比较小呀等等，而是所有的概念，我们都已经得到了，你说不是吗？因为我们现在讲的，不仅仅是绝对的相等，也包括绝对的美、绝对的善、以及公正、神圣等等，总之，我们反复问答辩证的时候，凡是我们称为‘绝对’的东西都包括在里面了。所以啊，以上种种知识，必定是在我们出生之前都有的。”

“这话对。”

“假如我们得到了一点知识而没有忘记，那么，我们应该总是生出来就有这点知识的，而且一辈子有这点知识。因为有知识就是得到知识之后还保留着，没丢失。而失去知识呢，西米啊，不就是我们所说的忘记吗？”

西米说：“对呀，苏格拉底。”

“假如我们生前所有的知识，在出生的时候忘了，后来在运用感觉的时候，又找回了从前所有的知识，那么，学到知识不就是找到了我们原有的知识吗？我们把认识说成记忆不是有道理吗？”

“有道理啊。”

“因为我们在看到、听到，或由其他感觉认识到一件东西的时候，会想起另一件已经忘记的东西，尽管这东西和当前认识到的并不一定相像，它们总归是有关系的。所以照我说啊，我们只能从两个假定里肯定一个：或者呢，我们一生出来就有知识，一辈子都有知识；或者呢，出生以后，我们所谓学习知识只是记起原有的知识，也就是说，认识就是记忆。”

“是的，苏格拉底，这话很对。”

“那么，西米啊，你选择哪个假定呢？我们是一生出来就有知识的吗？还是以后又记起了出生以前所有的知识呢？”

“苏格拉底，我这会儿不会选择。”

“我再问你个问题怎么样？一个人知道了一件事，他能说出他知道了什么事吗？这问题你总能回答，也能有你的意见呀。”

“他当然能说的，苏格拉底。”

“我们现在谈论的这些事，你认为随便什么人都能报道吗？”

“苏格拉底，我希望他们能，可是我只怕明天这个时候，再没一个人能说得有条有理了。”

“那么，西米，你认为，我们谈论的这些问题，并不是人人都知道的。”

“不是人人都知道的。”

“那么，他们曾经知道的事，他们能记得吧？”

“准记得。”

“我们谈论的这些问题，我们的灵魂是什么时候知道的呢？绝不是在我们出生以后啊。”

“当然不是。”

“那就该在出生以前吧？”

“对。”

“那么，西米啊，灵魂在转世为人之前已经存在了；灵魂不带肉体，可是有智力。”

“除非，苏格拉底，除非我们是在出生的那个时刻知道这些概念的。因为除了这个时刻，没有别的时候了。”

“我的朋友，你说得对。可是我们什么时候失去这些概念的呢？因为我们出生的时候，身体里并没有这些概念，这是大家都承认的。难道我们得到这些概念的时候，立刻又失去了吗？或者在什么别的时候失去的呀？”

“没有什么别的时候了，苏格拉底，我没头没脑地在胡说乱道了。”

苏格拉底说：“西米啊，我们且谈谈当前的问题，瞧我说的对不对。假如我们经常说的美、善以及这类本质都是有的，而我们由感觉接触到美的、善的或这类东西的时候，总觉得是以前已经认识的，并且总把当前的感觉去和曾经有过的认识比较，这不就证明我们早就有了这等等抽象的概念吗？这不也就证明我们的灵魂在我们出生之前早就存在了吗？假如这些抽象的概念压根儿是没有的，我们的议论不就全没意义了吗？如果这种种抽象的概念是有的，那么，我们的灵魂在我们出生之前也早已存在了。如果说，都是没有的，那么灵魂也是没有的。能这么说吗？能这么确定吗？”

“苏格拉底，我觉得你这话千真万确。我们的谈话得出了最好的结论。就是说：我们的灵魂在我们出生之前已经存在了，你所说的种种本质也早就存在了。我现在看得一清二楚，美呀、善呀、还有你刚才讲的种种东西，都确实存在。我觉得这都已经充分证明了。”

苏格拉底说：“可是齐贝怎么说呢？也得叫齐贝信服呀。”

西米说：“我想齐贝是信服的，尽管他是最不肯信服的人。我觉得他也相信灵魂在我们出生之前已经存在了。不过，我们死了以后，灵魂是不是继续存在，苏格拉底呀，这连我都还觉得没充分证明呢。齐贝刚才说起一般人的忧虑，认为人死了灵魂就消散了，我也摆脱不了这种忧虑，因为，即使灵魂能在别的什么地方生长出来，在投入人身之前已经存在了，可是那灵魂投入人身、然后又脱离人身之后，凭什么还能继续存在而不消灭呢？”

齐贝说：“你说得对，西米。灵魂在我们出生之前已经存在了，这是我们论证的前半截。我觉得这半截已经证明了。至于人死了灵魂还像投生以前同样也存在，这可没有证明。得证明了这点，证据才齐全呢。”

苏格拉底说：“西米和齐贝啊，我们这会儿得出的结论是：灵魂在我们出生以前已经存在了。而我们刚才得出的结论是：一切生命都是从死亡里出生的。你们只要把这两个结论合在一起，证据就齐全了。因为灵魂在出生前已经存在了，而灵魂再出生只能从死亡里出生；灵魂既然还得重新生出来，它在人死之后，不是必定还继续存在吗？所以你们要求的证据，其实是已经给了你们了。不过照我猜想，你和西米准喜欢把这问题再深入探讨一下。你们是像小孩子似的害怕，怕灵魂离开了肉体，一阵风就给吹走吹散了。假如一个人死的时候天气不好，正刮大风，你们就越发害怕。”

齐贝笑着说：“就算我们是像小孩子似的害怕吧，苏格拉底，你且说明道理，叫我们心上有个着落。其实我们也不害怕，也许我们内心有个小孩子，是这小孩子在害怕。我们且鼓励这小孩子，别把死当作鬼怪般的幽灵，不要怕。”

苏格拉底说：“哎，你们得天天给你们内心的小孩子念念咒语，赶走他的怕惧。”

齐贝说：“苏格拉底啊，你是要离开我们的了，我们哪儿去找好法师为我们念咒呀？”

苏格拉底说：“齐贝，希腊是个大地方，有许多好人，也有不少外地人。你应该走遍希腊，寻找一个好法师，别计较费多少钱、费多少力，因为这样花钱最合算。你千万别忘了在自己的伙伴儿里找，因为看来别处很难找到。”

齐贝说：“找是决计要找的。现在我们离题远了。如果你愿意，我们且话归正题吧。”

苏格拉底说：“哎，我当然愿意。”

齐贝说：“好啊。”

苏格拉底说：“那么，我们是不是应该追究以下这类问题：——什么东西生来是容易吹散的？什么东西的散失是我们当然要担忧的？又有什么东西是不怕吹散的？然后我们是不是可以进一步问问：灵魂属于哪一类。我们对自己灵魂的希望和忧虑，不就可以根据以上种种问题的答案来判断吗？”

齐贝说：“这话对啊。”

“我说呀，混合或综合的东西原是合并的，合并的自然也会分解。不是复合的东西——如果有这种东西的话，自然是不可分解的。”

齐贝说：“我想这是不错的。”

“一件东西如果不是复合的，就该始终如一，永不改变。复合的东西呢，经常在变化，从来不是同一个状态。这该是最可能的吧？”

齐贝说：“我也这么想。”

苏格拉底说：“那么，我们再回过来，讨论当前的问题。我们在辩证问答的时候，把至真、至美等抽象的实体称作‘真正的本质’。这种本质是永恒不变的呢，还是可能会变的呢？绝对的相等、绝对的美、一切绝对的实体、真正的本质，能有任何变化吗？绝对的本质都是单一的，独立的，所以都始终如一，不容改变。不是吗？”

齐贝回答说：“苏格拉底，本质都该是始终如一的。”

“可是有许多东西，例如人呀、马呀、衣服呀、或其他等等，也用上了美呀、相等呀这类本质的名称，你认为这许多东西都始终如一吗？它们不是恰恰和本质相反，都时时刻刻在变化吗？它们自身或彼此之间从来不始终如一吧？”

齐贝说：“你后来说的这些东西从来不始终如一。”

“这许多东西，你看得见，摸得着，都能用感觉去认识。可是不变的东西是无形的，看不见的，你只能用理智去捉摸。不是吗？”

齐贝说：“对呀，一点不错。”

苏格拉底说：“好，我们且假定世界上存在的东西有两种。一种是看得见的，一种是看不见的。”

齐贝说：“我们就这么假定。”

“看不见的是不变的吧？看得见的老在变化吧？”

齐贝说：“也可以这么假定。”

苏格拉底说：“好吧！我们是不是都由两个部分组成的呢？一部分是肉体，另一部分是灵魂。”

齐贝说：“是的。”

“我们认为肉体和哪一种东西更相像、更相近呢?”

齐贝说:“和看得见的东西更相像、更相近。这是谁都知道的。”

“灵魂呢?灵魂看得见吗?还是看不见的呢?”

“至少,人是看不见灵魂的,苏格拉底。”

“可是我们说这东西看得见、看不见,不就指人的眼睛吗?”

“是指人的眼睛。”

“那么,我们对于灵魂怎么说呢?灵魂看得见还是看不见呀?”

“看不见。”

“那么,灵魂是看不见的?”

“对。”

“那么,灵魂和看不见的东西更相像,肉体和看得见的东西更相像。”

“这是必然的道理呀,苏格拉底。”

“我们经常说,灵魂凭肉体来观察的时候,——凭肉体也就是凭肉体的视觉、听觉等种种感觉呀——这时候灵魂依靠的只是这种种感觉了,所以它就被肉体带进了变化无定的境界,就此迷失了方向,糊里糊涂、昏昏沉沉的像个醉汉了。我们不是这么说的吗?”

“是啊。”

“可是,灵魂独自思考的时候,就进入纯洁、永恒、不朽、不变的境界。这是和它相亲相近的境界。它不受纠缠而自己做主的时候，就经常停留在这里了。它不再迷迷惘惘地乱跑，它安定不变了，和不变的交融在一起，自己也不变了。灵魂的这种状态就叫智慧。我这话对吧？”

齐贝说，“苏格拉底，你这话说得好极了，对极了！”

“从这一番论证和前一番论证里，你能不能得出结论，断定灵魂和哪一类东西相像也相近呢？”

齐贝说：“我想啊，苏格拉底，随便谁听过这场论证，都会肯定灵魂和不变的那种东西像极了，和变化的那一种远不相像。这连最笨的人也不会否定。”

“肉体呢？”

“和变化的那类更相像。”

“那么，我们再换个角度瞧瞧。灵魂和肉体相结合的时候，照天然规律，一方是服从的仆人，一方是指挥的主子。你觉得哪一方像神圣的，哪一方像凡人的？你是不是认为按自然规律，神圣的该管辖、该领导，而凡人的该服从、该伺候呢？”

“我想是的。”

“那么灵魂像什么？”

“这很明显，苏格拉底，灵魂像那神圣的，肉体像那凡人的。”

“那么，齐贝啊，我们所有的议论只得出以下一个结论。灵魂很像那神圣的、不朽的、智慧的、一致的、不可分解的、而且永不改变的。肉体呢，正相反，很像那凡人的、现世的、多种多样的、不明智的、可以分解的、而且变化无定的。亲爱的齐贝，这个结论，我们能否认吗？”

“不能，我们不能否认。”

“好吧，既然这个结论是真实的，那么，肉体自然是很快就会分解的。灵魂却相反，它完全不可分解，简直不能分解。不是吗？”

“当然是的。”

苏格拉底接着说：“你们注意啊，人死之后，看得见的那部分是肉体，肉体还留在看得见的世界上，我们叫做尸体。尸体自然会分解，不过也并不马上就消灭。如果一个人临死体质完好，气候又合适，那尸体还能保留好些时候，甚至保留得很长久呢。照埃及人的风俗，尸体涂上药干缩之后，经过数不清的年月还差不多是完整的。肉体即使腐烂，也还有部分销毁不了，比如骨头和筋。你承认吗？”

“承认。”

“灵魂可是看不见的。它离开肉体到了另一个地方，那地方和灵魂同样是高贵、纯洁而看不见的。灵魂其实是到了另有天神管辖的世界上去了。那边的天神是善良聪明的。如蒙上天允许，我一会儿也就要到那里去了。灵魂既有上面说的种种品质，它离开肉体之后，能像许多人想的那样，马上会给吹散吹灭吗？亲爱的西米和齐贝呀，那是绝不会的。假如灵魂干净利索地洒脱了肉体，就不再有任何肉体的牵挂了，因为它依附着肉体活在人世的时候，从不甘愿和肉体混在一起，它老在躲开肉体，自己守住自己。灵魂经常学习的就是这种超脱呀。这也就是说，灵魂真正是在追随哲学，真学到了处于死的状态。这也就是练习死吧？是不是呢?”

“正是。”

“假如灵魂是处于这个状态，这纯洁的、看不见的灵魂离开了人世，就到那看不见的、神圣的、不朽的、有智慧的世界上去了。灵魂到了那里，就在幸福中生存，脱离了人间的谬误、愚昧、怕惧、疯狂的热情，以及人间的一切罪恶，像得道者说的那样，永远和天神们住在一起了。齐贝，这不是我们相信的吗?”

齐贝说：“确实是的。”

“可是受了污染的肮脏的灵魂，离开肉体的时候还是不干净的。这种灵魂老跟随着肉体，关心肉体，爱这个肉体，迷恋着肉体，也迷恋着肉体的欲望和享乐。这种灵魂以为世间唯独有形体的东西才是真实，要摸得着、看得见、能吃到喝到的，可以用来满足肉欲的东西才是真实。这种灵魂对于一切虚无的、眼睛看不见而得用理智去捉摸的东西，向来是又怕又恨，不愿意理会的。你认为这种灵魂离开肉体的时候，能是纯洁而没有玷污的吗?”

齐贝说：“这是不可能的。”

“我想这种灵魂是和肉体掺和在一起了，因为它们经常陪伴着肉体，关念着肉体，和肉体交往密切，就和肉体的性质相近了。你说是吗？”

“是的。”

“我的朋友啊，我们得承认，和肉体同类的东西是烦人的、沉重的、尘俗的、也看得见的。灵魂掺和了肉体就给肉体镇住了，又给拖着回到这个看得见的世界来。因为这种灵魂害怕看不见的东西，怕那另一个世界。据说这种灵魂在陵墓和坟堆里徘徊，有人在那种地方看见过灵魂的影子。那些灵魂脱离肉体的时候不纯洁，还带着肉体的性质，所以显形了。”

“这是可能的，苏格拉底。”

“是的，齐贝，这是可能的。看来这种灵魂不是好人的灵魂，大概是卑鄙小人的。为了他们生前的罪过，罚他们的灵魂在那些地方徘徊。他们徘徊又徘徊，缠绵着物质的欲念，直到这个欲念引他们又投入肉体的牢笼。他们生前怎样为人，来世大约就转生为同类性格的东西。”

“苏格拉底，你指什么性格啊？”

“我说呀，譬如有人一味贪吃、狂荡、酗酒，从来不想克制自己，他来生该变成骡子那类的畜牲。你觉得对吗？”

“我想这是非常可能的。”

“有人专横凶暴，来生就变成狼或鹰鸢。照我们猜想，他们能变成什么别的呢?”

齐贝说:“对,就该变成这类东西,没什么说的。”

苏格拉底说:“那么,事情很明显,各人都是按照自己的习性,走各自的道儿吧?”

齐贝说:“对,当然是这样的。”

苏格拉底说:“有些人并不懂哲学或理性。他们出于生性和习惯,为人行事都和平公正,恪守社会道德,照说这种人最幸运,该到最好的地方去投生吧?”

“它们怎么样儿最幸运呢?”

“你不明白吗?它们可能变成那种有社会生活的、温和的东西,像蜜蜂呀,黄蜂呀,或是蚂蚁,或是再投生为人。稳健的人物,不是从这等人里面跳出来的吗?”

“是的。”

“唯独爱好智慧的哲学家,死后灵魂纯洁,才可以和天神交往。亲爱的西米和齐贝呀,真心爱智慧的人,就为这个缘故,克制一切肉体的欲望;他坚决抵制,绝不投降。别的人也克制肉体的欲望。许多爱财的人是因为怕穷,怕败了家产。爱体面、爱权力的人是因为怕干了坏事没脸见人,声名扫地。可是爱智慧的哲学家和他们都不同。”

齐贝说:“不同,苏格拉底,哲学家要像他们那样就怪了。”

苏格拉底说:“决计不同。关心自己灵魂的人不是为伺候肉体而活着的。他们和那些爱财、爱面子、爱权力的人走的是相背的路。他们觉得那些人不知道自己要走到哪里去呢。哲学家一心相信：爱好智慧能救助自己，洗净自己，他们不该抑制自己对智慧的爱好。不论哲学把他们导向何方，他们总是跟着走。”

“他们怎么样儿跟着哲学走呢，苏格拉底？”

苏格拉底说：“你听我讲。热爱知识的人开始受哲学领导的时候，看到自己的灵魂完全是焊接在肉体上的。它要寻找真实，却不能自由观看，只能透过肉体来看，好比从监狱的栅栏里张望。他这个灵魂正沉溺在极端的愚昧里。哲学呢，让人明了，灵魂受监禁是为了肉欲，所以监禁它的主要帮手正是囚徒自己；这一点是最可怕的事。热爱知识的人看到哲学怎样指导正处于这种境界的灵魂。哲学温和地鼓励这个灵魂，设法解放它，向它指出眼睛、耳朵等等感觉都富有诱惑力，劝它除非迫不得已，尽量离弃感觉，凝静自守，一心依靠自己，只相信自己抽象思索里的那个抽象的实体；其他一切感觉到的形形色色都不真实，因为种种色相都是看得见的，都是由感觉得到的；至于看不见而由理智去领会的呢，唯有灵魂自己能看见。真正的哲学家就从灵魂深处相信，这是哲学的救助，不该拒绝。所以他的灵魂，尽量超脱欢乐、肉欲、忧虑、怕惧等等。他看到一个人如有强烈的欢乐、或怕惧、或忧虑、或肉欲，这人就受害不浅了。一般人受到的害处，无非为了满足肉欲而得了病或破了财；他受到的害处却是最大最凶的，而自己还没有理会。”

齐贝说：“什么害处呢？”

“害处在这里：每一个人的灵魂如果受到了强烈的快乐或痛苦，就一定觉得引起他这种情感的东西非常亲切，非常真实。其实并不是的。这些东西多半是看得见的，不是吗？”

“是的。”

“发生这种情况的时候，灵魂不是完全被肉体束缚了吗？”

“怎么束缚呢？”

“因为每一种快乐或痛苦就像钉子似的把灵魂和肉体钉上又铆上，使灵魂带上了躯体。因此，凡是肉体认为真实的，灵魂也认为真实。灵魂和肉体有了相同的信念和喜好，就不由自主，也和肉体有同样的习惯、同样的生活方法了。这个灵魂到另一个世界上去的时候，绝不会纯洁。它永远带着肉体的污染。它马上又投胎转生，就像撒下的种子，生出来还是这么一个不干净的灵魂。所以这个灵魂没希望和神圣的、纯洁的、绝对的本质交往。”

齐贝说：“苏格拉底，你说得很对。”

“齐贝啊，真正爱好知识的人就是为这个缘故，都自我约束，而且勇敢。他们不是为了世俗的缘故。你不同意吗？”

“确实不是为了世俗的缘故。”

“不是的。因为哲学家的灵魂和别人的不同，它自有一番道理。它靠哲学解放了自己，获得了自由，就不肯再让自己承受欢乐和痛苦的束缚，像佩内洛普（Penelope）那样把自己织好的料子又拆掉①，白费工夫了。哲学家的灵魂相信它应当摒绝欢乐和痛苦的情感，在平静中生存；应当追随理智，永远跟着理智走。它认识到什么是真实而神圣的，就单把这个作为自己的粮食。这是认识，不是什么意见或主张。它深信人活在世上的时候，它就该这样活着；到人死的时候，它就跑到和自己又亲切又合适的境界去，不受人间疾苦的困扰了。西米和齐贝啊，经过这样教养的灵魂，在脱离肉体的时候，不会消灭，不会被风吹散，不会变为没有，这都是不用害怕的。”

苏格拉底说完，静默了好一会，显然是在细想自己的话。我们多半人也和他一样。不过西米和齐贝交谈了几句话。苏格拉底看见了，就说：“你们觉得我讲的不周全吗？假如有人要把这个问题讨论得彻底，那么确实还有许多疑难的题目，许多可以攻击的弱点呢。假如你们计较的是别的事，我没什么要说的。假如你们对我讲的话不大理解，

---

① 古希腊故事：佩内洛普的丈夫远征不归，许多人向她求婚；她为了拒绝求婚者，声明得织好了她公公的裹尸布，再谈婚事；她每天织，每晚拆掉。（译者注）

认为当前的问题还可以谈得更深入些，而愿意和我一起讨论，觉得和我在一起你们能谈得更好，那么，别迟疑，说出来大家一起讨论。”

西米说：“苏格拉底，我给你老实说吧。我们俩各有些疑惑的事想问你，听听你的回答。他呢，叫我问。我呢，让他问。我们都怕打扰你，打不定主意。因为在你当前不幸的情况下，问这种问题怕不合适。”

苏格拉底听了这话，温和地笑着说：“啊，西米！我并不认为我当前的处境是不幸。我连你们都说不相信，要叫别人相信就更难了。你们以为我和平时不一样啦？脾气坏啦？你们好像把我看得还不如天鹅有预见。天鹅平时也唱，到临死的时候，知道自己就要见到主管自己的天神了，快乐得引吭高歌，唱出了生平最响亮最动听的歌。可是人只为自己怕死，就误解了天鹅，以为天鹅为死而悲伤，唱自己的哀歌。他们不知道鸟儿饿了、冻了或有别的苦恼，都不唱的，就连传说是出于悲伤而啼叫的夜莺、燕子或戴胜也这样。我不信这类鸟儿是为悲伤而啼叫，天鹅也不是。天鹅是阿波罗的神鸟，我相信它们有预见。它们见到另一个世界的幸福就要来临，就在自己的末日唱出生平最欢乐的歌。我相信我自己和天鹅伺候同一位主子，献身于同一位天神，也从我们的主子那儿得到一点天赋的预见。我一丝一毫也不输天鹅。我临死也像天鹅一样毫无愁苦。不用我多说了。趁雅典的十一位裁判官还容许我活着的时候，随你们要问什么，都提出来问吧。”

西米说：“好。我就把我的困惑告诉你。轮下来就让齐贝说说他为什么对你讲的话不完全同意。我想啊，苏格拉底，也许你自己都承认，在我们还活着的时候，我们谈论的这些事是讲不明白的。要得到明确的知识，或是不可能，或是非常困难。不过，一个人如果不是弱者，一定要用种种方法，从各方面来探索有关这些问题的一切议论，不到精疲力竭，绝不罢休。因为他没有别的选择。他或许会学到或发现有关这些事的真相；如果不可能，他只能把人间最有道理、最颠扑不破的理论当作航行人世的筏，登上这个筏，渡入险恶的世途。除非他能找到更结实的船只，就是说，得到了什么神圣的启示，让他这番航行更平安稳妥。所以我现在向你提问，并不觉得惭愧，你也正鼓励我呢，我以后也不至于怪自己当时有话不说了。因为，苏格拉底呀，我细细思考了我们谈的话，不论是我自问自答，或是和齐贝一起商讨，总觉得不够满意。”

苏格拉底回答说：“我的朋友啊，你也许是对的。不过你且说说，你是在哪方面不满意呀？”

西米说：“不满意的在这一点。我们可以用琴、琴弦、音乐的和谐来照样儿论证。和谐可以说是看不见的，没有形体的。调好的琴上弹出来的音乐很美，也很神圣。可是琴和琴弦呢，好比是身体，都有形体，也是复合的，属于尘俗、现世的东西。假如有人把琴砸破了，把琴弦剪断了，假如他照你的论证，坚持说和谐不会消灭，还存在呢，行吗？琴和琴弦是属于现世的东西。尽管琴弦是断了，琴和弦子还存在啊。和谐相当于神圣而永恒的东西，倒比现世的先消灭，这是绝不可能的呀！他就只好硬说了，琴和琴弦一定得烂掉，没法儿防止；和谐一定还在什么地方存在着呢！苏格拉底呀，我不妨说说我们对灵魂是什么个想法，我觉得你自己心上一定也想到过。我们的身体是由热、冷、湿、燥等等成分组成的。灵魂就是这些成分调和得当而产生的和谐。如果灵魂是和谐，那么，身体一旦有病，太松懈或太紧张了，灵魂不论多么神圣，它就像声调里的和谐，或一切艺术作品里的和谐，必定就消失了；而身体的残余还能保存好一段时候，直到烧掉烂掉才没有呢。假如有人说：灵魂是人身各种成分的调和，人到了所谓死的时候，先死的是灵魂；我们对这番议论怎么回答呢？”

苏格拉底机灵地看着我们——他常有这种表情。他微笑着说：“西米反驳得有理。你们有谁比我头脑灵敏的，为什么不回答他呀？因为他好像赢得了一个好分数。不过我想，还是先听听我们的朋友齐贝对我们的议论要挑什么毛病。这样呢，我们可以有时间想想怎么回答西米。等他们两人说完了：如果他们说得对，我们就同意；如果不对，我们就可以为自己辩论。齐贝，来吧，说说你的困惑。”

齐贝说："好，你听我说。我觉得我们的这番议论没完全解决问题，仍然没驳倒我上次提出的抗议。我承认我们这番议论很巧妙、也很明确地证实了灵魂在投胎之前已经存在——可以这么说吧？可是人死之后灵魂还存在吗？我觉得好像没有证明呢。不过我对西米的反驳并不同意。他认为灵魂不如肉体强，也不如肉体经久。我认为灵魂从各方面说都远远胜过肉体。反驳我的人可以说：'你怎么还不相信呀？你且看看，人死之后弱的部分还存在呢，强的部分至少也该和弱的一样经久啊，你不想想吗？'现在且看我对这人怎么回答，瞧我是不是有点道理。我想最好也照西米那样打个比方，可以把意思说得更清楚些。比如说，有个老织造工人死了。有人说，这织造工人没死，还很健康地在什么地方待着呢，他这话是有凭据的。他说，织造工人织的衣服，而且是经常穿的这件衣服还完整、还没消灭呢，不就证明织造工人还存在吗？如果别人不信，他就问：人经久？还是人穿的衣服经久啊？回答是人比衣服经久得多。这人就自以为有了千真万确的证据，证明织造工人还活着，因为不如他经久的衣服还没消灭呢。

"不过我认为这人的话是不对的，西米。我特别请你注意我讲的话。谁都会了解这人是在胡说。因为这个织造工人织造过好多件衣服，也穿破了好多件。他比他织的衣服经久。他织的衣服虽然不少，可是一件件都穿破了，只剩最后的一件还完整。最后那件衣服的完整，并不能证明人不如衣服经久呀。我想这个比喻，同样也适用于灵魂和肉体。灵魂比肉体经久得多，肉体不如灵魂经久，也比灵魂弱。我可以进一步说，一个灵魂要磨损几个肉体，长寿人的身体尤其耐磨。假如人活着的时候，肉体直在变着变着，直变到坏掉，而灵魂直在磨损了一个肉体又换个新的，那么，灵魂到死的时候，一定还附着最后的一个肉体呢。只有这个肉体比灵魂生存得长久。灵魂一死，这肉体就显出它原来的弱质，很快就烂掉了。照我这说法，我们死后灵魂还在什么地方待着就是拿不定的了。假如，苏格拉底，假如照你的说法，灵魂在我们出生以前已经存在，我不妨再放宽点说，有些灵魂在我们死后还存在，一次又多次重新生出来——因为灵魂的性质很强，经得起多次重生——就算有这回事，也保不定灵魂到末了会经受不起而彻底死掉，只是没人能预先知道哪一次的死、哪一次的肉体死亡也把灵魂摧毁；这是谁也不能知道的。如果我说得不错，那么，谁要是对死抱有信念，那就是愚蠢的信念，除非他能证明灵魂压根儿是不朽的、死不了的。不然的话，一个人到临死，想到自己死后，灵魂随着也彻底消灭了，他一定是要害怕的。”

我们所有的人事后还能记得，当时听了他们两人的话，心上很不舒服。因为我们对先前的论证已经完全信服了，这会儿给他们一说，又糊涂了，也不放心了。不但觉得过去的论证靠不住，连以后的任何论证都不敢相信了。我们只怕自己的判断都不可信，这种事是不能明确知道的。

伊奇 哎，斐多，我同情你。我听了你这话，自己心上也发生了疑问："以后，我们还能相信什么论证呢？因为苏格拉底的论证是完全令人信服的，现在也给驳倒了。"我自己向来就深信灵魂是一种和谐，听你一提起，我就想到自己以前是相信这话的。现在再要叫我相信人死了灵魂不随着一起死，得另找别的论证了。所以我求你把苏格拉底的谈话怎么谈下去，说给我听听。他是不是也像你们一伙人那样不舒服呀？他还是沉着地为自己辩护呢？他的辩护成功吗？你尽量仔仔细细地如实讲，好吗？

斐多 伊奇，我向来敬佩苏格拉底，可是从没有像那天那时候那么佩服。他现成有话回答是可以料想的，可他却使我惊奇了。一是惊奇他听年轻人批驳的时候那副和悦谦恭的态度，二是惊奇他多么灵敏地感觉到他们俩的话对我们大伙儿的影响；末了呢，惊奇他纠正我们的本领。我们逃亡败北了，他能叫我们转过身来，再跟着他一起究查我们的论证。

伊奇 他怎么叫你们转身回来的呢？

斐多 你听我说。我当时坐在他右手一只挨着卧铺的矮凳上，他的座儿比我高得多。他抚摩着我的脑袋，把我领后的头发一把握在手里——有时他喜欢这样抚弄我的头发，他说，“斐多啊，明天你也许得把这漂亮的头发铰了。”

我说：“看来得铰了，苏格拉底。”

“假如你听我的话，就别铰。”

我问，“那我怎么办呢？”

“假如我们的论证到此就停止了，再也谈不起来了，你今天就铰掉你的头发，我也铰掉我的头发。古代的希腊人，吃了败仗就发誓说，若不能转败为胜，从此不养长头发。我也照样儿发誓：我要是驳不倒西米和齐贝，我做了你，就铰头发。”

我回答说：“可是人家说，即使是大力神①，也抵不过两个对手。”

他说：“哎，还没到天黑呢，你可以叫我来做你的驾车神②来帮你一手。”

我说：“我向你求救，是我这驾车的求大力神，不是大力神求驾车的。”

他说：“都一样。不过我们首先要防备一个危险。”

我问：“什么危险？”

“有些人变成了‘厌恶人类的人’，我们也有危险变成

---

① 古希腊神话里的大力神。（译者注）

② 按古希腊神话，他是大力神的侄儿，也是大力神的驾车神。（译者注）

‘厌恶论证的人’。一个人要是厌恶论证，那就是糟糕透顶的事了。厌恶论证和厌恶人类出于同样的原因。厌恶人类是出于知人不足而对人死心塌地的信任。你以为这人真诚可靠，后来发现他卑鄙虚伪。然后你又信任了一个人，这人又是卑鄙虚伪的。这种遭遇你可以经历好多次，尤其是你认为最亲近的朋友也都这样，结果你就老在抱怨了，憎恨所有的人了，觉得谁都不是好人了。这情况你注意到没有？”

我说：“确实有这情况。”

他接着说：“假如一个人还不识人性，就和人结交，他干的事就是不漂亮的，这不是很明显的吗？假如他知道了人的性情，再和人打交道，他就会觉得好人和坏人都很少，在好坏之间的人很多，因为这是实在情况。”

“这话什么意思？”

“就譬如说大和小吧，很大的人或狗或别的动物，很小的人或狗或别的动物都是少见的。或者再举个例，很快的或很慢的，很丑的或很美的，很黑的或很白的，都是少有的。就我所举的这许多例子里，极端的都稀罕，在两个极端中间的却很多，你没注意到吗？”

我说：“的确是的。”

苏格拉底说：“假如我们来个坏蛋竞赛，最出色的坏蛋也只有很少几个，你信吗？”

我回答说：“很可能。”

他说："是的，很可能。人是这样，论证在这方面并不一样。我们只是在谈论的时候把人和论证扯在一起了。不过我们对人或对论证会产生同样的误解。有人对辩论的问题并没有理解清楚，听到一个议论就深信不疑。后来又觉得不对了。究竟对不对他也不明白。这种情况会发生好多次。以后呢，有些人，尤其是成天老爱争论的那种人，就自以为是天下最聪明的人了；他们与众不同，他们发现世界上一切言论、一切东西都是拿不稳、说不定的，都像海峡湍流的潮水那样，一会儿升高，一会儿下落，都稳定不了多少时候。"

我说："是的，这很对。"

他说："假如有人相信过某些断不定的论证，他不怪自己头脑不清，却心烦了，把错误都撂在论证上，一辈子就厌恨论证、唾弃论证了。说不定真有那么一套正确的论证，而且是可以学到的，可是这个厌恨论证的人就永远求不到真理，没法儿知道事物的本质了。斐多啊，这不是可悲的吗？"

我说："我发誓，这该是可悲的。"

他说："所以我们首先要防备这点危险，心上不能有成见，认为论证都是没准儿的。我们倒是应该承认自己不够高明，该拿出大丈夫的气概，勤勤奋奋地提高自己的识见，因为你和你们一伙人未来的日子还很长，而我呢，因为马上就要死了。我生怕自己目前对这个问题失去哲学家的头脑，成了爱争论、没修养的人。这种人不理会事情的是非，只自以为是，要别人和他一般见解。我想，我和这种人至少有一点不同。别人对我的见解是否同意，我认为是次要的。我只是急切要我自己相信。我的朋友，瞧我这态度多自私呀。如果我的议论是对的，我有了信心就自己有好处；如果我死了什么都没有，我也不会临死哀伤而招我的朋友们难受。反正我这点无知也不会有什么害处，因为不会长久，一会儿就完了。所以，西米和齐贝啊，我谈这个问题心上是有戒备的。可是你们如果听从我的话呢，少想想苏格拉底，多想想什么是真实。你们觉得我说得对，你们就同意；不对，就尽你们的全力来反对我。别让我因为急切要欺骗自己也欺骗你们，临死像蜜蜂那样把尾部的刺留在你们身上。”

他随后说：“我们得接着讨论了。先让我重新记记清楚，别让我忘了什么。西米呢，虽然承认灵魂比肉体神圣也比肉体优越，他还是不放心，怕灵魂得先死，因为灵魂像音乐的和谐。齐贝呢，他承认灵魂比肉体经久，不过他说，一个灵魂磨损了好几个肉体之后，保不定哪一次离开肉体的时候，自己也毁灭。灵魂毁灭就是死，因为肉体的毁灭不算数，它一个又一个连连地毁灭呢。西米和齐贝，我们该讨论的是这几点吗？”

他们俩都同意，他们不放心的是这几点。

苏格拉底说：“好，你们对我们先前的论证是全部都反对，还是只反对其中几点呢？”

他们回答说：“只反对几点。”

苏格拉底说：“我们刚才说，认识是记忆。因此，我们的灵魂在投放入人身之前，一定是在什么地方待着呢。你们对这话有什么意见吗？”

齐贝说：“我当时对这点论证非常信服，我现在还是特别坚定地相信这点论证。”

西米说：“我也是。我和他的感觉一样。假如我对这一点会有不同的想法，我自己也要觉得很奇怪的。”

苏格拉底就说：“我的底比斯朋友啊，你对这一点确实有不同的想法呀！按照你的意见，和谐是调和的声音；身体里各种成分像琴弦似的配合成一体，灵魂是全体的和谐。那么，我且问你，先有声音的和谐，还是先有发生声音的东西呢？你总不能说，发生声音的东西还没有，先已经有和谐了。”

“苏格拉底啊，我当然不能这么说。”

苏格拉底说：“可你不是正在这么说吗？你说灵魂投入人身之前已经存在了；你又说灵魂是身体各部分的和谐。身体还没有呢，哪来的和谐呢？你把灵魂比作和谐是不恰当的。先要有了琴和琴弦和弹出来的声音，才能有和谐；和谐是最后得到的，并且消失得最早。请问你这前后两套理论怎么调和呢？”

西米说：“我没法儿调和。”

苏格拉底说："不调和行吗？尤其是关于和谐的理论，总得和谐呀。"

西米说："是的，应该和谐。"

苏格拉底说："你这两套理论是不能调和的。那么，你相信认识是记忆呢，还是相信灵魂是和谐？"

西米说："我决计相信认识是记忆。另外那套理论是没经过论证的，只好像可能，说来也动听，所以许多人都相信。我知道单凭可能来论证是靠不住的，假如我们不提防，就很容易上当受骗，例如几何学和别的学问都不能凭可能作证据。可是回忆和知识的那套理论是经过正确论证的。因为我们都同意灵魂投入人身之前已经存在了，正和我们称为绝对的本质同样是存在的。现在我承认，我确是凭充分、正确的根据，相信有这本质。所以我不能相信我自己或别人所说的灵魂是和谐。"

苏格拉底说："西米，我们还可以从另一个角度来看这个问题。和谐或其他复合的东西是由各种成分综合起来的。成分是什么性质，复合物也该是同样性质吧？"

"当然。"

"和谐起什么作用，受什么影响，完全是靠它的成分吧？"

西米也同意。

"那么，和谐只能随顺它的成分，不能支配它的成分。"

西米也承认。

“那么，和谐不能主动发出声音来，也不能造成不合它成分的任何声音。”

“不能。”

“那就是说，声音怎样调和，就造成什么样的和谐。一切和谐都这样。”

西米说：“这话我不懂。”

苏格拉底说：“声音调和得越好，越有工夫，和谐就越加充分。调和得欠点功夫，和谐就不够充分。这可能吧？”

“可能。”

“灵魂也能这么说吗？这个灵魂还欠着点儿，不够一个灵魂；那个灵魂够充分的，比一个灵魂还多余点儿。能这么说吗？”

西米说：“绝对不能。”

苏格拉底说：“还有呢，据说有的灵魂聪明、有美德，是好灵魂；有的灵魂愚昧邪恶，是坏灵魂。有这事吧？”
“是的，有这事。”

“主张灵魂是和谐的人，对灵魂里的美德和邪恶又怎么讲呢？他们能不能说：这是另一种和谐与不和谐。这个灵魂自身是和谐的，灵魂里另有一种和谐；那个灵魂是不和谐的，灵魂里没有那种和谐。能这么说吗？”

西米回答说：“我说不好。谁要这么假设，显然只好这么说了。”

苏格拉底说：“我们都认为一个灵魂就是一个灵魂，一个灵魂不能带点儿多余，或留点儿欠缺。同样道理，和谐就是和谐，不能再增加一点和谐或减少一点和谐，不是吗？”西米说：“是的。”

“没有多余也没有欠缺的和谐，就是声音调和得恰到好处，不是吗？”西米说：“是的。”

“声音调和得恰到好处了，和谐还能增加或减少吗？不都是同样充分的和谐吗？”西米说：“同样充分。”

“这个、那个灵魂既然同样是一个灵魂，不能比一个灵魂更多点、少点，那么，灵魂的和谐也只能是不能再有增减的。”

“这话对。”

“所以也不能有更大量的不和谐或和谐。”西米说：“不能。”

“假如邪恶是不和谐而美德是和谐，那么，灵魂里的邪恶或美德也都是同量的，能不同吗？”西米说：“不能。”

“或者，说得更正确些，西米，假如灵魂是和谐，灵魂里压根儿不能有邪恶，因为若说和谐完全是和谐，就不能有一部分不和谐。”

“确实不能。”

“那么灵魂既然完全是灵魂，就不会有邪恶。”

西米说：“假如我们前面说的都对，灵魂里怎么会有邪恶呢?”

“照我们这个说法，所有的灵魂都同样是一个灵魂，所有生物的灵魂都一样好。”

西米说：“看来得这么说了，苏格拉底。”

苏格拉底说：“假如灵魂是和谐的理论是对的，我们的推理就得出这个结论来啦。你认为这个结论对吗?”

西米说：“一点儿不对。”

苏格拉底说：“还有一层，人是由许多部分组成的；一个人——尤其是聪明人，除了他的灵魂之外，你认为还有哪个部分是可以做主的?”

“没有，我认为没有了。”

“灵魂对肉体的感觉是顺从还是反抗呢？就是说，身体又热又渴的时候，灵魂不让它喝；肚子饿了，灵魂不让吃。灵魂反抗肉体的例子多得数不尽呢，我们没看到吗?”

“当然看到。”

“可是照我们刚才的说法，灵魂是和谐，灵魂只能随顺着身体的各个部分，或紧张、或放松、或震动、或其他等等，不会发出一点不和谐的声音。这个灵魂是从不自己做主的。”

西米说：“是啊，我们当然是这么说了。”

“可是我们现在看到，灵魂和刚才说的恰恰相反呀。灵魂主管着全身的各部分。我们活一辈子，灵魂简直每件事都和全身的各部分作对，对它们用各种方法专政，有时对它们施加严厉和痛苦的惩罚（例如体育锻炼和服药），有时是比较温和的惩罚，有时威胁，有时劝诫。总而言之，灵魂把身体的要求呀、热情呀、怕惧呀等等都看得好像和自己不相干的，就像荷马(Homer)①在《奥德赛》（*Odyssey*）里写的奥德修斯（Odysseus）：

他捶着自己的胸，斥责自己的心：
‘心啊，承受吧，你没承受过更坏的事吗?’

你认为他作这首诗的时候，在他的心眼里，灵魂是随顺着肉体各种感受的和谐呢，还是可以主管种种感受，自身远比和谐更加神圣呢?”

“苏格拉底，我可以发誓，在他的心眼儿里，灵魂是主管一切的，远比和谐神圣。”

“那么，我的好朋友啊，灵魂是和谐的理论怎么也说不通了。无论神圣的诗人荷马或我们自己，都不能同意。”

西米说：“这话对!”

苏格拉底说：“好，底比斯的和谐女神②看来已经对我们相当和气了。可是，齐贝啊，我们用什么话来赢得卡

① 荷马，古希腊诗人。《奥德赛》是他写的史诗，奥德修斯是史诗主人公。(译者注)

② 原译文 Harmonia，按希腊神话，她是底比斯的女神，象征和谐。(译者注)

德慕（Cadmus）[1] 的欢心呢？”

齐贝说：“我想你总会有说法的。反正你一步步驳倒和谐的论证，比我预想的还奇妙。因为我当时听了西米讲他的疑虑，就不知有谁能顶回他那套理论。可是经不起你的反驳，一攻就倒了，我觉得真了不起。我现在相信，卡德慕的议论，准也遭到同样的命运。”

苏格拉底说：“我的朋友啊，满话说不得。别招那嫉妒鬼一瞪眼，凶光四扫，把我嘴边的议论都扫乱。我的议论是否站得住，全靠上天做主。我们且按照荷马的气派，‘向敌人冲去’，试试你的话有多少价值。我现在把你要追究的问题归结一下。你是要有个证据，证明我们的灵魂毁灭不了而长生不死。假如一个哲学家临死抱定信心，认为自己一辈子追求智慧，死后会在另一个世界上过得很好；如果他一辈子不是追求智慧的，就不能有那么好；他这样自信，是不是糊涂而愚蠢呢？我们虽然知道灵魂是坚固的，神圣的，而且在我们出世为人之前已经存在了，可是你觉得这并不足以证明灵魂不朽，只说明灵魂很耐久，在我们出生的很久很久以前，早已在什么地方待着了，并且也知道许多事，也做过许多事，不过这还是不足以证明灵魂不朽。它只要一投入人身，就好比得了病似的开始败坏了。它在人身里活得很劳累，到末了就死了。不管它投入

---

[1] 希腊神话中底比斯城的英雄，和谐女神的丈夫。（译者注）

人身一次或许多次，我们每一个人终归还是怕它死掉的；假如不知道灵魂不朽，又不能证明灵魂不朽，谁都得怕灵魂死掉，除非他是傻子。齐贝啊，我想这就是你的心思吧？我特意重新申说一遍，如果有错失，你可以修补。”

齐贝说：“我这会儿没什么要修补的，我的意思你都说了。”

苏格拉底停了一下，静心思考，然后说：“你追究的问题可不小啊，我们得把生长和败坏的原因一一考察个周全呢。我对这问题有我自己的经验，你如果愿意，我可以讲给你听。如有什么话你觉得有用，你就可以用来解决你的困惑。”

齐贝说：“好啊，我愿意听听你的经验。”

“那你听我说吧，齐贝。我年轻的时候，对自然界的研究深有兴趣，非常急切地想求得这方面的智慧。我想知道世间万物的原因，为什么一件东西从无到有，为什么它死了，为什么存在——这种种，我要是能知道，该多了不起呀！有许多问题搅得我心烦意乱。例如有人说，冷和热的交流酝酿，产生了动物；有这事吗？我们是用什么来思想的？血？空气？还是火？也许都不是，是脑子给人听觉、视觉和嗅觉的？是这种种感觉产生了记忆和意见吗？记忆和意见冷静下来，就是知识吗？我又想了解以上种种是怎么消失的。我又想研究天和地的现象。到末了，我打定主意，我天生是绝对不配做这种研究的。我可以给你一个充分的证据。我研究得完全糊涂了。我原先自以为知道的事，别人也都知道的事，经过这番研究，我全糊涂了。我以前相信自己懂得许多事，就连一个人生长的原因也懂；经过这番研究，我都忘了。以前，我觉得谁都明白，人靠饮食生长，吃下去的东西里，长肉的长肉，长骨头的长骨头，其他各部分，也由身体里相应的部分吸收，块儿小的就长得块儿大些，小个儿的人就长成大个儿。我以前是这么想的，你觉得有道理吗？”

齐贝说：“有道理。”

“你现在再听我说。我从前看见一个高个儿的人站在一个矮人旁边，就知道这高个子比矮个子高出一头。我能知道这匹马比那匹马高大出一个马头。还有更明显的事呢，例如十比八多，因为八加二等于十；二十寸的尺比十寸的尺长，因为二十寸的尺比十寸的尺长出一倍。从前我以为这些事我都是一清二楚的。”

齐贝说：“现在你对这些事又是怎么想的呢？”

苏格拉底说：“我可以发誓，我实在不敢相信自己知道任何事的原因了。为什么一加一是二，是原先的一成了二呢，还是加上去的一成了二呢？还是加上去的一和原先的一合在一起，彼此都成了二呢？我不明白怎么这两个一，各归各的时候都是一，不是二，可是并在一起，就成了二呢？我连这是什么原因都不明白。假如把一分开，一就成为二。那么产生二的原因就有两个，却是相反的。一个原因是把一和一合并，一个原因是把一分开。这些原因我都不相信了。我也不再相信由我这套研究方法能知道些什么原因；就连一是什么原因产生的，我都不知道啊。换句话说，任何东西的生长、败坏或存在，我都不能知道。我不再相信我的研究方法了。我另有一套混乱的想法。

“有一天，我听说有人读到一本书，作者名叫安那克沙戈拉①。据他说，世间万物都由智慧的心灵安排，也是由智慧的心灵发生的。我喜欢这个有关起因的理论，觉得世间万物都由智慧的心灵发生好像有点道理。我想：‘假如确实是这么回事，那么，智慧的心灵在安排世间万物时间，准把每一件东西都安排和建立得各得其所、各尽其妙。如有人要追究某一件东西为什么出生，为什么破坏，为什么存在，他得追究这件东西在这个世界上什么样儿最好——或处于什么被动形态，或怎么样儿的主动。反正什么样儿最好，就是它所以然的原因。其他东西也都一样。谁要追究原因，他只要追究什么样儿最好、最最好。由此他也一定会知道什么是坏些更坏些，因为两者都是同一门科学。’我考虑这些事的时候，心上高兴，觉得有安那克沙戈拉来教导我世间万物的起因，是我找到合意的老师

① 这里讲的是原始一片混沌，怎样从混沌中开辟了宇宙。（译者注）

了。我想他会告诉我地球是扁的还是圆的。他告诉我之后，还会接着解释地球是扁、是圆为什么缘故，有什么必要。他也会告诉我好在哪里，为什么地球最好是现在这般的地球。假如他说地球是宇宙的中心，他就会说出为什么地球在中心最好。我打定主意，假如他把这些事都给我讲明白，我就不用苦苦追究其他的原因了。我也决计用同样的方法去了解太阳、月亮和其他的星宿，了解它们不同的速度、它们的运转、它们的变易，了解为什么它们各自的被动或主动状态都是它们最合适的状态。他既然说世间万事都是由智慧安排的，那么，一件东西怎么样儿最好，就是这件东西所以然的原因。我不能想象他还能找出别的原因来了。我想他指出了每件东西和一切东西共同的原因以后，接着会说明每件东西怎么样儿最好，一切东西都是怎样最好。我很珍重自己的希望，抓到书就狠命地读，飞快地读，但求能及早知道什么是最好的，什么是最坏的。

“我的朋友啊，我那辉煌的希望很快就消失了。我读着读着，发现这位作者并不理会智慧，他并不指出安排世间万物的真实原因，却说原因是空气，是以太，是水，还有别的胡说八道。他的话，我也可以打个比方。譬如有人说，苏格拉底的所作所为都出于他的智慧。他想说明我做某一件事是出于什么原因，就说，我现在坐在这里是因为我身体里有骨头、有筋，骨头是硬的，分成一节一节，筋可以伸缩，骨头上有肌肉，筋骨外面包着一层肌肉和皮肤，一节节的骨头是由韧带连着的，筋一伸一缩使我能弯屈四肢；这就是我弯着两腿坐在这里的原因。或许他也会照样儿说出我们一起谈话的原因。他会说，原因是声音、空气、听觉还有数不尽的东西。他就是说不出真正的原因。真正的原因是雅典人下了决心，最好是判我死刑；我为此也下定决心，我最好是坐在这里，我应当待在这里，承受雅典人判处我的任何刑罚。假如我没有抱定决心而改变了主意，认为我承受雅典城的责罚并不合适、并不高尚，最好还是逃亡，那么，我可以发誓，我的骨头和我的筋，早给我带到麦加拉（Megara）或维奥蒂亚（Boeotia）去了。把筋骨之类的东西称作原因是非常荒谬的。假如说：我如果没有筋骨等等东西，我认为该做的事就做不到，这话是对的。可是既然说我的行为凭我的智慧做主，却又说，我做的某一件事不是因为我认定这样做最好，而是因为我身体里有筋骨等等东西，这种说法是非常没道理的。说这种话的人，分不清什么是原因，什么是原因所附带的必要条件。其实，原因是一回事，原因所附带的条件是另一回事。很多人把原因所附带的条件称作原因，我觉得他们是在黑暗里摸探，把名称都用错了。有人认为地球在天的下面，四围是旋风。有人认为地是空气托住的平槽。他们并不问问什么力量把世间万事安置得各得其所，也不想想是否有个什么神圣的力量，却以为他们能找到一个新的阿特拉斯（Atlas）[①]，不但能力最高，而且永生不死，而且包罗万象。他们实在是没想到什么状况是好，而这一点该是世间万物所以然的缘故。如果有人能教我懂得这个原因，我愿意拜他为师。可是我找不到老师，也找不到这个原因，也没人能帮我。我只好再一次寻觅途径，去找这个原因。齐贝啊，你愿意听我讲讲第二次追求的历程吗？”

齐贝说：“我全心全意地想听听。”

苏格拉底说：“以后啊，我不想追究真实了。我决计要小心，别像看日食的人那样，两眼看着太阳，看瞎了眼睛。他得用一盆水或别的东西照着太阳，看照出来的影像。看太阳是危险的。如果我用眼睛去看世间万物，用官感去捉摸事物的真相，恐怕我的灵魂也会瞎的。所以我想，我得依靠概念，从概念里追究事物的真相。也许我这比喻不很恰当。因为凭概念来追究事物的真相，绝不是追究事物的影子；这就好比说‘追究日常生活的细节’一样不恰当了。我绝不是这个意思。反正我思想里的概念，是我用来追究一切事物本相的出发点。凡是我认为牢不可破的原则，我就根据这个原则来做种种假设。一切论证，不问是关于原因或别的东西，只要和我这原则相符合，就是真实的；不符合就不真实。不过我想把这话再说得清楚

① 阿特拉斯，希腊神话中以肩顶天的巨神。（译者注）

些，因为看来你们目前还不大明白。”

齐贝说：“确是不大明白。”

苏格拉底说：“好吧，我再说得清楚些。这也不是什么新鲜话，这是我们以前的谈话里和别的时候我经常说的。我现在想跟你们讲讲，我所追究的这个原因是什么性质。我又得回到我们熟悉的主题，从这些主题谈起。我认为至美、至善、至大等绝对的东西是有的。如果你们也承认这点，认为这种种绝对的东西是存在的，我相信我能把我追究的原因向你们讲明，并且证明灵魂不朽。”

齐贝说：“你不妨假定我承认你这个设想。你讲吧。”

苏格拉底说：“且看一下步你们是不是和我同意。如果说，除了绝对的美，还有这件、那件美的东西；这件东西为什么美呢？我认为原因是这件东西沾到了些绝对的美。我这个原因也适用于其他一切东西。我从这样的观点来解释原因，你们同意吗？”

齐贝说：“同意。”

苏格拉底接着说：“美是否还有其他奇妙的原因呢，我现在还不知道，也没看到。假如有人跟我说，美的原因是颜色可爱，或是形状好看等等，我都不理会，因为颜色、形状等东西，使我迷惑不解。我只简简单单、或许是笨笨地抓住这一个原因：为什么一件东西美，因为这件东西里有绝对的美或沾染了绝对的美（随你怎么说都行），不管它是怎么样儿得到了这绝对的美。这件东西是在什么情况下得到绝对的美呢，我也还不能肯定地说。我只是一口肯定：美的东西，因为它有美，所以成了美的东西。我认为，无论对自己、对别人，这是最妥当的回答。我只要抓住这个原因，就攻击不倒。我相信，无论是我或任何别人，这样回答是千稳万妥的：美的东西，因为它有美，所以是美的。你同意吗？”

“我同意。”

“大的东西，或更大的东西，因为大，所以是大东西或更大的东西。较小的东西，因为小，所以较小。是不是？”

“是的。”

“假如有人对你说，某甲比某乙大，因为某甲比某乙高出一个脑袋；某乙比某甲小，因为矮一个脑袋。这话你可不能同意。你只管坚持，甲比乙大，只因为甲大，没有别的原因。甲大一点的原因是甲大。乙小一点的原因也无非因为乙小。假如你说甲比乙大，因为比乙高出一个脑袋；乙小，因为矮一个脑袋；人家就要质问你了。一大一小，都因为一个脑袋，大和小都是同一个原因吗？而且一个脑袋能有多大？某甲大，原因只是小小一个脑袋。这像话吗？你恐怕就不能回答了吧？”

齐贝笑着说：“对啊，我就不能回答了。”

苏格拉底接着说：“你也不能说，十比八多，因为十比八多二；十比八多的原因是二。你应该说，因为数额多，数额是十比八多的原因。二十寸的尺比十寸的尺长十寸，十寸不是原因，原因是长度。你如果说原因是十寸，你会受到同样的质问。”

齐贝说：“对。”

“如果说一加上一是二，一分开了是二，二的原因是加上，二的原因又是分开；这种话你绝不敢说了吧？你该高声大喊：每件东西的存在，没有任何别的原因，只因为它具有它自己的本质。所以，如要问你二是哪里来的，你只能承认一个原因，因为二具有双重性，这是二的本质。各种东西的二都具有双重性。同样，所有的一，都具有单一性。什么加上呀、分开呀等等花样，你别理会，留给更聪明的人去解释吧。如要理会那些事，你就会怕自己没经验，像人家说的那样，见了自己的影子都害怕了。所以你得抓住我们这个稳妥的原则，照我说的这样回答。假如有人攻击你的原则，你别理会，也别回答，你先检查据原则推理的一个个结论，看它们是否合拍。到你必须解释这原则的时候，你可以从更高的层次，找个最好的原则做依据，照样儿再假设。你可以一番又一番地假设，直到你的理由能讲得充分圆满。如果你是要追究任何事物的真相，你就不要像诡辩家那样，把原因和结果混为一谈，把事理搅乱。他们那些人对真实是满不在乎的。他们聪明得很，把什么事都搅得乱七八糟，还聪明自喜呢。不过，你如果是个哲学家，你会照我的话行事。”

西米和齐贝一齐说："说得对。"

伊奇　斐多，我可以发誓，他们俩说得对。我觉得他把事情讲得非常清楚，只要稍有头脑都会明白。

斐多　是的，伊奇，我们在场的人也都这么想。

伊奇　我们不在场的，这会儿听了也都这么想。他后来又讲了些什么呢？

斐多　我还记得，大家都承认他说得对，都同意各种抽象的本质确实是有的；一件东西具有某种本质，本质的名称就成了这种东西的名称。接着苏格拉底就和我们发问："假如我的话你们都同意，那么，假如你们说西米比苏格拉底大，比斐多小，你们是不是说，西米具有大的本质，又具有小的本质呢？"

"是的。"

苏格拉底说："可是说西米比苏格拉底大，说的并不是事实。西米并不因为他的本质是西米，所以比苏格拉底大，只因为他碰巧是个高个子罢了。他比苏格拉底大，也不因为苏格拉底的本质是苏格拉底，却是因为比了西米的大个子，苏格拉底个子小，具有小的本质，西米的个子具有大的本质。"

"对。"

"同样道理，西米比斐多小，并不因为斐多的本质是斐多，只因为比了斐多的个子，斐多具有大的本质，西米具有小的本质。"

“这话对。”

“西米在两人中间。比了矮的呢，他大；比了高的呢，他小。所以在不同的体型之间，比了大的，西米具有小的本质，比了小的，他就具有大的本质。”苏格拉底说着自己笑了。他说，“我讲的话像公文了，不过我说得很正确。”

西米表示同意。

苏格拉底说：“我这样说呢，是要你们的想法和我一致。大，本质就是大，绝不会又大又小；就连我们所具有的大，也绝不会变成小，也不能增大些，这是很明显的。大的反面是小。相反的大和小如果走向一处，那么只有两个可能：大，或是回避了，或是在碰上小之前，已经消失了。大，不能容纳小，从而改变它的本质。我体型小，具有小的本质，至今还是小个子的人。不过我也具有大的本质，大的还是大，没有变成小。同样道理，我们具有的小，永远是小，不是大，也不会成为大。任何相反的两面，正面永远是正面，不是反面，也不能成为反面。反面出现，正面早没有了，消失了。”

齐贝说：“我觉得这是很明显的。”

这时候，在场有个人（我忘了是谁）说：“我的天哪！这番理论，和我们上一次讨论的那一套恰恰相反了。上一次我们都承认，大一点的是从小一点生长出来的，小一点是从大一点生长出来的，相反的总归是相生的。不是吗？

现在我们好像是在说，相反相生绝不可能。”

苏格拉底歪着脑袋听着。他说：“说得好！有气概！不过你没明白，我们这会儿的理论和我以前讲的不是一回事。我们以前讲的是具体的事物；具体的事物，相反相生。我们现在讲的是抽象的概念；抽象的概念，不论在我们内心或是身外的世界上，正面绝不能成为反面。我们以前讲的那些具体事物，有相反的性质，依照各自的性质，各有各的名称。现在讲的是概念里相反的本质，本质有它固有的名称。我们说，概念里的本质，绝不相反相生。”

同时，他看着齐贝说：“你呢，你听了我们朋友间有人抗议，你也有疑惑吗？”

齐贝说：“没有，这回没有。不过我承认，反对的意见往往使我疑惑。”

苏格拉底说：“好吧，我现在说的你们都同意了——就是说：一个反面，绝不可能是它自己的反面。”

齐贝说：“完全同意。”

苏格拉底说：“好，瞧你们下一步是否和我同意。有所谓热、所谓冷吗？”

“有。”

“冷与热和雪与火是相同的吗？”

“不同，满不是一回事。”

“热和火不是一回事，冷和雪也不是一回事，对吧？”

“对。”

“我想，我再来个假设，你们会同意的。我们还照用以上的说法。假如雪受到热，雪不能仍旧是雪而同时又是热的。雪不等热逼近就得回避，不然呢，雪就没有了。”

“对呀。”

“同样情况，火如果逼近冷，火或者回避，或者就灭了。火绝不能收容了冷还仍旧是火，而且同时又冷。”

齐贝说：“这话对。”

“这种情况，说明一个事实。不仅仅抽象的概念有它的名称，永远不变，另有些东西也这样。这东西不是概念，可是它存在的时候，是某一个概念的具体形式。也许我举例说明能说得更明白些。我用数字说吧。单数永远称为单数，不是吗？”

“是的。”

“我要问个问题。单数是概念，称为单数。可是除了单数这个概念之外，是不是另有些东西也该称单数；因为这东西虽然和单数这个概念不同，可是它永远离不开单数的性质。我就用三这个数字做例子。除了三，还有许多别的数字也是同例。就说三吧，本名是三，是个具体的数字，不是概念。可是三也能称为单数吧？数字里的三呀、五呀、或数字里的一半都有相同的性质，都称单数，可是和单数这个概念并不相同；同样道理，二、四、或数字里的另一半，都称双数，这些数字和双数这个概念也并不是一回事。你们同意不同意呢？”

齐贝说："当然同意。"

"现在请注意我是要说明什么。我是要指出，不仅相反的概念互相排斥，一切具体的东西，尽管并不彼此相反，却往往包含相反的性质；某一种东西是某一概念的具体形式，另一种东西体现相反的概念；这两件东西如果碰到一处，其中一件或是回避，或者就消灭了。三这个数字，除非消灭，绝不会成为双数而仍旧是三。这一点我们总该同意吧？"

齐贝说："当然同意。"

"可是二和三并不相反啊。"

"不相反。"

"那么，不仅相反的概念在接近的时候互相排斥，还有某些东西，也互相排斥。"

齐贝说："很对啊。"

苏格拉底说："我们是不是可以设法断定这是些什么东西呢？"

"好啊。"

"那么齐贝，这种东西呀，总体现某一个概念；这种东西不仅具有这个概念的形式，也随着这个概念排斥它的反面。"

"不懂你什么意思。"

"就是我们当前讲的东西呀。你当然知道这种东西。如果它的主要成分是三，那么它的具体形式一定是三，而且也是单数。”

“当然啊。”

“那么这件东西，是由一个概念产生的；凡是和这个概念相反的概念，它绝不容忍。”

“对，不能容忍。”

“三这个数字，不是从单数的观念产生的吗？”

“是的。”

“和三这个数字相反的，不是双数的概念吗？”

“是的。”

“那么三这个数字，绝不容纳双数的概念。”

“绝不。”

“那么三和双数是互不相容的。”

“不相容。”

“数字的三是不双的。”

“对。”

“现在我们试图来断定吧。有些东西虽然和别的东西并不相反，可是也互相排斥。例如三这个数字，虽然和双数的概念并不相反，可是它总归拿出它的单数来抗拒双数。正好比二这个数字，总拿出双数来抗拒单数。火和冷也一样。这类的例子多得很。现在我们还有一句话不知你们能不能接受。我是说，不仅相反的概念互相排斥，就连体现相反概念的东西，也一样互相排斥。我不妨把我们的记忆再清理一遍，因为重复没有害处。五这个数字排斥双数的概念。十是五的双倍，也不容纳单数的概念。十这个数字，并不是一个相反的概念；可是十和单数这概念不相容。同样情况，一又二分之一、或混合的分数、或三分之一、或其他简单的分数都和整数的概念不相容。你们懂得我的意思吗？和我同意吗？”

齐贝说：“我懂，我完全同意。我是和你一致的。”

苏格拉底说：“那么，请再从头说起。你们不要用我问的原话回答，只像我刚才那样回答。我最初说的是稳妥的回答。刚才我是按推理超越了那个稳妥的回答。现在我又从刚才的话里推进一步，看到另一个稳妥的回答。假如你问我为什么一件东西发烫，我不再那么笨笨实实地说，因为热，我现在给你一个更深一层的回答，说原因是火。假如你问我为什么身体有病，我不再说因为生了病，只说，因为发烧了。假如你问我为什么一个数字是单数，我不说因为有单一性，我只说因为那数字是一。其他类推。我是什么意思你们充分明白了吗？”

齐贝说：“很明白了。”

苏格拉底说：“你们现在回答，身体凭什么原因具有生命？”

齐贝说：“灵魂。”

苏格拉底说：“永远是这个原因吗？”

齐贝说：“当然是的。”

“那么，只要灵魂占有了一件东西，这东西就有生命了？”

齐贝说：“那是一定的。”

“生命有反面吗？”

齐贝说：“有啊。”

“什么呢？”

“死。”

“照我们已经达到一致的意见，灵魂占有了一件东西，绝不再容纳和这东西相反的东西。”

齐贝说：“决计不会。”

“和双数互不相容的，我们叫做什么？”

齐贝说：“不双。”

“和公正不相容的叫什么？和协调不相容的叫什么？”

“不公正、不协调。”

“和死不相容的叫什么？”

齐贝说：“不死，或不朽。”

“灵魂和死是不相容的吗？”

“不相容。”

“那么灵魂是不朽的。”

“对。”

苏格拉底说：“好啊，我们能说，这已经证明了吗？”

“是的，苏格拉底，非常美满地证明了。”

苏格拉底说：“那么，齐贝，假如单数是决计不能消灭的，数字里的三也是消灭不了的吗？”

“当然。”

“假如热的反面是消灭不了的，那么，热去进攻雪的时候，雪不就及早回避，保存着它的完整也不融化吗？因为冷是不能消灭的，雪和热是不能并存的。”

齐贝说：“这很对呀。”

“我想，照同样道理，假如冷的反面是不可消灭的，火如果逼近任何形式的冷，火不会消灭，它会回避，不受损害。”

齐贝说：“这是一定的。”

“至于不朽，不也该是同样道理吗？假如不朽的也不可毁灭，灵魂碰到了死，灵魂也不可能消灭。因为我们的论证已经说明，灵魂不可能容纳死而同时又不死，正像我们说的三这个数字不会成双，单数不能是双数，火和火里的热不能是冷。不过，也许有人会说，单数如果碰到双数，单数不会成双（这是我们已经同意的），可是单数就不能消灭了让双数来替代吗？如果我们只说会回避，他就没什么可说的了。关于火和热等等的相反不相容，都可以这样回答，不是吗？”

“是的。”

“所以，关于不朽的问题也一样。假如大家承认不朽就不可消灭，灵魂既然是不朽的，灵魂也不可消灭。如果不承认不朽的不可消灭，那就再得辩论了。”

齐贝说：“关于这个问题，不用再辩论，不朽的就是永远不会消灭的。如果不朽的还会消灭，那么，不论什么东西，都是不免要消灭的了。”

苏格拉底说：“我想，我们大家都同意，上天和生命的原理以及不朽的其他种种，永远不会消灭。”

齐贝说：“大家都一定会同意，而且，我想，连天上的神灵也都同意。”

“那么，不朽既然就不可毁灭，灵魂如果不朽，灵魂也就不可消灭了，不是吗?”

“这是一定的。”

“那么，一个人死了，属于凡人的部分就死掉了，不朽的部分就完好无损地离开了死亡。”

“看来是这么回事。”

苏格拉底说：“齐贝啊，灵魂不朽也不可消灭，已经充分肯定了，我们的灵魂会在另一个世界上的某一地方生存。”

齐贝说：“这一点，我没什么可反驳的了。我对你的结论，也不能不信了。不过，假如西米或者随便谁还有什么要说的，最好这会儿就说吧。如果关于这类问题，谁要是想说什么话或者想听到什么话，错过了当前就没有更好的时候了。”

西米说：“关于我们这番讨论的结果呢，我也没法儿疑惑了。不过，我们谈论的题目太大，我又很瞧不起世人的虚弱，所以我对刚才的议论，心眼儿里免不了还有点儿疑疑惑惑。”

苏格拉底说：“不但题目太大，而我们又很虚弱，还有个问题呢。西米啊，我们最初提出的一个个假设，尽管你们觉得正确，还应该再加仔细考察。你得先把一个个假设分析透彻，然后再随着辩论，尽各自的人力来分别是非。如果能照这样把事情弄明白，你就不用再追究了。”

西米说：“这话对。”

苏格拉底说：“可是我的朋友啊，有句话我们该牢记在心。假如灵魂是不朽的，我们该爱护它，不仅今生今世该爱护，永生永世都该爱护。现在我们可以知道，如果疏忽了它，危险大得可怕。因为啊，假如死可以逃避一切，恶人就太幸运了。他们一死，他们就解脱了身体，甩掉了灵魂，连同一辈子的罪孽都甩掉了。可是照我们现在看来，灵魂是不朽的。它不能逃避邪恶，也不能由其他任何方法得救，除非尽力改善自己，尽力寻求智慧。因为灵魂到另一个世界去的时候，除了自身的修养，什么都带不走。据说，一个人死了，他的灵魂从这个世界到那个世界的一路上，或是得福，或是受灾，和他那灵魂的修养大有关系。据他们说呀，一个人死了，专司守护他的天神就把他的亡灵带到亡灵聚集的地方。他们经过审判，就有专司引导亡灵的神把他们送到另一个世界上去。他们得到了应得的报应，等到指定的时间，就另有专管接引他们回来的神经过了几个时代又把他们领回这个世界来。这段道路并不像埃斯库罗斯（Aeschylus）① 的戏剧里忒勒夫司（Telephus）② 说的那么样。他说从这个世界到底下那个世界，要过一条单独的路。我想这条路既不单独，也不止一条。如果只有单独一条路，就不用领导也不会走错。我看了世俗的丧葬仪节，料想这条路准有很多岔口，而且是弯弯绕绕的。守规矩、有智慧的灵魂跟随自己的领导，也知道自己的处境。可是我上面说的那种恋着自己肉体的灵魂就东闪西躲地赖在看得见的世界上，赖了好久，挣扎了好一阵，也受了不少罪，终于给专司引导的神强拽硬拖着带走了。这种灵魂是不纯洁的，生前做过坏事，如谋害凶杀之类。它到了其他亡灵集合的地方，别的灵魂都鄙弃它，不屑和它做伴儿或带领它，它孤单单地在昏暗迷惘中东走西转地摸索了一阵子，到头来就被押送到它该去的地方去了。可是有的灵魂生前是纯洁而又正派的，它有天神陪伴，领导它到合适的地方去居住。这个地球上有许多奇妙的地方呢。有些人大约是根据某某权威的话吧，说地球有多么大小呀，地球这样那样呀，我觉得都没说对。”

---

① 埃斯库罗斯（公元 前 525—前 456），古希腊大悲剧作家之一。(译者注)

② 忒勒夫司，据古希腊神话，他是大力神赫拉克勒斯的儿子。(译者注)

西米说："苏格拉底，你这话什么意思？我本人就听到过许多有关地球的话，却是不知道你相信地球是什么样的。我很想听听①。"

"哎，西米，要讲讲我对地球的设想，我不必有葛劳库斯（Glaucus）② 的本领也办得到。不过，如果证明我讲的是真实，那就太困难了；我即使有葛劳库斯的本领，恐怕也办不到。而且，西米啊，即使我能证明，我也没这时间，不等我讲完，我就得送命了。反正现在也没什么事要干的，我不妨讲讲我相信地球是个什么形状，也讲讲地球上的许多地方。"

西米说："好啊，这么讲就行啊。"

苏格拉底说："第一，如果地球是圆的，而且在天空的当中，我相信它不用空气或别的力量托着，它自有平衡力，借四周同等性质的力量，保持着自己的位置。因为一件平衡的东西，位居中心，周围又有同类的力量扶持着，它就不会向任何一方倾斜，它永远保持着原先的位置。这是我相信的第一件事。"

西米说："这是对的。"

苏格拉底说："第二，我相信这地球很大。我们住在

---

① 全篇论证，虽然没有肯定的结论，到此已经完了。以下是苏格拉底和朋友们闲聊他设想的地球。（译者注）

② 葛劳库斯，古希腊神话里有四五个同是这个名字的人，其中一人善预言。（译者注）

大力神岬角①和（River Phasis）斐西河之间的人，只是住在海边一个很小的地方，只好比池塘边上的蚂蚁和青蛙；还有很多很多人住在很多同样的地方呢。我相信地球上四面八方还有大大小小各式各样的许多空间，都积聚着水和雾和空气。可是地球本身是纯洁的。地球在纯洁的天上。天上还有星星。经常谈论天上等等事情的人把天称作太空。水呀、雾呀、空气呀都是太空的沉淀，汇合在一起，流到地上的空间②。我们不觉得自己是生活在空间，却自以为在地球的表面上。这就好比生活在海洋深处的人，自以为是在海面上。他从水底看到太阳和星星，以为海就是天。他因为懒惰或身体弱，从没有升到水面上去，探出脑袋，看一看上面的世界。上面世界的人，也无缘告诉他：上面远比他生活的世界纯净优美。我相信我们正是同样情况。我们住在空气的中间，自以为是在地球的表面上。我们把空气当作天，以为这就是有星星运行的天。我们也是因为体弱或懒惰，不能升到空气的表面上去。假如谁能升

---

① 原译文 Pillars of Hercules，是对峙的两座山，当时希腊人心目中最远的边界。（译者注）

② 原译 hollow，不指地上的凹处或穴洞或溪谷。人处在苍穹之下，大地之上。在旷野处，可看到苍天四垂，罩在大地之上，hollow 就指天地之间的空间。众人所谓“天”，并不是真的天，只是空气，还弥漫着云雾。苏格拉底把这片青天比作蓝色的海面。他幻想中的净土或福地在地球大气层外的表面上。这个表面，在我们天上的更上层。（译者注）

到空气的表面上，或是长了翅膀飞上去，他就能探出脑袋看看上面的世界，像海里的鱼从海面探出脑袋来看我们这个世界一样。假如人的体质能经受上面的情景，他也许会看到真的天、真的光、真的地球。至于我们的这片土地，这许多石头和我们生活的整个地区，都经过腐蚀，早已损坏了；正像海底的东西，也都已经给海水侵蚀了。我们可以说，海里长不出什么有价值的东西，也没有完美的东西，只有洞穴和沙子，还有没完没了的烂泥，就连海里的沙滩也不能和我们这世界上的好东西比较呀。可是我们上面那个世界的东西，准比我们这个世界上的又优美得多。西米啊，我可以给你们编个故事，讲讲天空里这个地球的形形色色，好听着呢。”

西米说：“苏格拉底，你讲呀，我们准爱听。”

苏格拉底说：“好啊，我的朋友，我就从头讲。据说地球从天上看下来，就像那种盖着十二瓣皮子的皮球。地球的表面，不同的区域有不同的颜色。我们这里看到的颜色，只好比画家用的颜色，只是那种种颜色的样品罢了。整个地球绚丽多彩，比我们这里看到的明亮得多，也清澈得多呢！有一处是非常美丽的紫色，一处金色，一处白色，比石灰或雪都白，还有各种颜色。我们这里看到的就没那么多、也没那么美。因为地球上许多空间都充满了水和空气。水和空气照耀着各种颜色，也反映出颜色来，和其他的颜色混在一起，就出现了千变万化的颜色。这美丽的地球上生长的东西，树呀、花呀、果呀，也一样的美。山和石头也都美。比我们空间的山和石头光滑、透明，颜色也更好看。我们珍贵的宝石像缠丝玛瑙呀，水苍玉呀，翡翠呀等等，其实不过是从地球表面的山石上掉落的碎屑罢了。地球表面上所有的东西，都像那里的山石一样美，也许更美呢。因为那里的石头是纯粹的，不像我们这空间的石头，肮里肮脏，浸泡在海水里，又被空间积聚的蒸气和流液腐蚀败坏了。这种种垢污把空间的泥土、石头、动物、植物都变丑了，而且都有病了。地球的表面却装饰着各种宝石和金银等珍贵的东西。一眼就看得见，又多又大，满处都是，所以地球好看极了，谁能看上一眼就是天赐的福分。那里也有动物，也有人。有人居住在陆地内部；有人居住在靠近空气的边岸上，就像我们居住海边一样；也有人居住在沿大陆的岛上，四周都是空气。总而言之，我们的水和海呢，就相当于他们的空气；我们的空气呢，就相当于他们的太空。那里气候调度得合适，人不生病，寿命也比我们长。住在那边的人，视觉、听觉、智慧等各方面都比我们优越，就好比空气比水纯净、太空比空气纯净一样。他们也有神圣的林荫路和神庙。真有天神住在那庙里。他们能和天神交往，或是听到天神的语言，或是受到天神的启示，或是看见天神显形。他们能看到太阳、月亮、星星的真实形象。他们还有种种天赐的幸福，和以上说的都一致。

“这就是总的说说地球和地球表面的形形色色。整个地球上许许多多空间有不少区域呢。有的空间比我们居住的还要深还要广。有的比我们的深，但是不如我们的空旷。也有些空间比我们浅，但是更宽敞些。所有这些空间的地底下，都有天然凿就的孔道，沟通着分布地下的水道。一个个空间都是彼此通联的。水道有大有小。有些水道，几处的水都涌进去，冲搅融汇成一潭。地底下还有几条很大很大的河，河水没完没了地流。河水有烫的，也有凉的。地下还有很多火，还有一条条火河，还有不少泥石流，有的泥浆稀，有的稠，像西西里（Sicily）喷发熔岩之前所流的那种。还有熔岩流。这种种河流，随时流进各个空间的各处地域。地球里有一股振荡的力量，使种种河流有涨有落地振荡。我且讲讲这振荡的道理。原来地底下有许多裂缝。最大的一条缝裂成了一道峡谷，贯穿着整个地球。这就是荷马诗里所说的：

遥远处，在地底最深的深渊①里；

他和其他诗人有时就称为地狱②。所有的河流都流进这个深渊，又从这里流出去。每条河流过什么土地，就含蕴着那片土地的性质。为什么所有的河流都要在这条深渊里流

---

① 荷马史诗伊里阿德（Iliad）8，14。〔据达贝勋爵（Lord Derby）译本〕（译者注）

② 原译 Tartarus。（译者注）

出流进呢？因为这些流质没有着落，也没有基础，所以老在有涨有落地振荡。附近的空气和风也跟着一起振荡。流质往那边灌注，空气和风就往那边吹；往这边灌注，就向这边吹，恰像呼吸那样吸进去又呼出来。风随着流质冲出冲进，就造成强烈的风暴。水退到我们称为下界的地方，就灌入下界的河流，好像是泵进去的，把下界的河流都灌满。水流出下界，返回上面这边的时候，就把这边的河流灌满。灌满之后，水就随着渠道，或流进地里，随着各自的方向流到各种地方，或是汇集成海，或是成为沼泽地，或是流成小河小溪。然后水又流到下界去。有几股水要流过好几处很大的地域，有的流过的地方少，区域也小，反正都又返回地狱。这些流质流进地狱的入口，有的比地上的出口低许多，有的稍微低些，不过入口总比原先的出口低。有的顺着它原先的河道流回地狱，有的从对面的河道流回地狱，也有的绕成圆圈儿，像蛇似的顺着地球一圈或几圈，然后落入深渊的最深处。水可以从峡谷的两头流到中心去，不过到了最深的中心就流不出去了，因为两旁都是峭壁。

“地下的河流很多、很大，种类也不同。主要有四条大河，最大的一条河在最外层，名叫大洋河（Oceanus）。它绕着地球流成一圈。逆着大洋河流的是苦河（Acheron）。苦河流过几处沙漠，流进地的下层，汇成苦湖。多半亡灵都投入这个湖里，或长或短地待满了指定的期限，又送出去投胎转生。第三条河在这两条河的中间。它源头附近是一大片焚烧着熊熊烈火的地区，灌上水就成为沸滚着水和泥浆的湖，湖比我们的地中海还大。混浊的泥浆从湖里流出来流成一圈，弯弯绕绕地流过许多地方，流到苦湖边上，但是和苦湖的水各不相犯。这条河又回到地底下回旋着流，然后从更低的地方流入地狱，这就是火河（Pyriphlegethon）。各处地面上喷发的熔岩流都是火河的支流。第四条大河逆着火河流。这是从荒凉阴森的地方冒出来的。那儿是一片深黑深黑的蓝色，像天青石那样的黑蓝色。这条河叫冥河（Stygian River），冥河汇集成冥湖（Styx）。湖里的水饱含着荒凉阴森的气息，在地底下逆着火河绕着圈儿流进苦湖，和火河相会。这条河的水也和其他河流各不相犯。这股水再流出来，绕着圈儿流到火河对面，落入地狱。据诗人说这段河流名叫呜咽河（Cocytus）。

“这是下界河流的一般情况。且说人死了，他们的守护神就把亡灵带去受审，凭他们生前是否善良虔诚，判处该当的报应。假如他们一生没什么好，也没作恶，就有船只把他们渡过苦河，关进苦湖，他们就待在苦湖里洗炼。如果他们做过坏事，就得受惩罚，然后得到赦免。如果行过好事，就各按功德给予报答。有人犯了大罪，看来是不可救药了，例如屡次严重地亵渎神明，或是恶毒卑劣地谋杀人，或是犯了同类的罪行，他们就给投入地狱，永远出不来了。这是他们命该如此。不过，也有可以挽救的。例如有人一时感情激动，不由自主，伤害了父母，然后终身痛悔的；也有同样情况下杀了人的。这种人的亡灵也该投入地狱。但是一年之后，翻滚的浪头会把他们抛出地狱，杀人犯的亡灵抛入鸣咽河，伤害父母的亡灵抛入火河，他们各由河流送入苦湖。他们在苦湖里大声叫唤他们的受害者，哀求饶恕，让他们脱离苦湖。假如他们获得饶恕，就离开苦湖，不再受罪；假如得不到宽恕，他们又返回地狱，以后再抛入鸣咽河或火河再入苦湖，直到获得宽恕为止。这是判官们处分他们的刑罚。至于德行出众的人，他们不到下界去，他们的死只好比脱离牢狱，从此就上升净地，住到地球的表面上去了。凡是一心用智慧来净化自己的人，都没有躯体，在那儿一起住着，将来还要到更美的地方去。怎么样儿的美好，不容易形容，咱们现在也没有足够的时间了。”

“不过，西米啊，为了我们上面讲的种种，我们活一辈子，应该尽力修养道德、寻求智慧，因为将来的收获是美的，希望是大的。”

“当然，一个稍有头脑的人，绝不会把我所形容的都当真。不过有关灵魂的归宿，我讲的多多少少也不离正宗吧。因为灵魂既然不死，我想敢于有这么个信念并不错，也是有价值的，因为有这个胆量很值当。他应当把这种事像念咒似的反反复复地想。我就为这个缘故，把这故事扯得这么长。有人一辈子不理会肉体的享乐和装饰，认为都是身外的事物，对自己有害无益；他一心追求知识；他的灵魂不用装饰，只由自身修炼，就点缀着自制、公正、勇敢、自由、真实等种种美德；他期待着离开这个世界，等命运召唤就准备动身。这样的人对自己的灵魂放心无虑，确是有道理的。西米、齐贝和你们大伙儿呀，早晚到了时候也都是要走的。不过我呢，现在就要走了，像悲剧作家说的，命运呼唤我了，也是该我去洗澡的时候了。我想最好还是洗完澡再喝毒药，免得烦那些女人来洗我的遗体。”

克里等他讲完就说：“哎，苏格拉底，我们能为你做些什么事吗？关于你的孩子，或者别的事情，你有什么要嘱咐我们的吗？”

他回答说：“只是我经常说的那些话，克里啊，没别的了。你们这会儿的承诺没什么必要。随你们做什么事，只要你们照管好自己，就是对我和我家人尽了责任，也是对你们自己尽了责任。如果你们疏忽了自己，不愿意一步步随着我们当前和过去一次次讨论里指出的道路走，你们就不会有什么成就。你们现在不论有多少诺言，不论许诺得多么诚恳，都没多大意思。”

克里回答说：“我们一定照你说的做。可是，我们该怎么样儿葬你呢？”

苏格拉底说：“随你爱怎么样儿葬就怎么样儿葬，只要你能抓住我，别让我从你手里溜走。”他温和地笑笑，看着我们说：“我的各位朋友啊，我没法儿叫克里相信，我就是现在和你们谈话、和你们分条析理反复辩证的苏格拉底。他以为我只是一会儿就要变成尸首的人，他问怎么样儿葬我。我已经说了好多好多话，说我喝下了毒药，就不再和你们在一起了。你们也知道有福的人享受什么快乐，而我就要离开你们去享福了。可是他好像以为我说的全是空话，好像我是说来鼓励你们，同时也是给自己打气的。”他接着说：“我受审的时候，克里答应裁判官们做我的保证人，保证我一定待在这里。现在请你们向克里做一个相反的保证，保证我死了就不再待在这里，我走掉了。这样呢，克里心上可以放松些。他看到我的身体烧了或埋了，不用难受，不要以为我是在经受虐待。在我的丧事里，别说他是在葬苏格拉底，或是送苏格拉底进坟墓，或是埋掉他。因为，亲爱的克里啊，你该知道，这种不恰当的话不但没意思，还玷污了灵魂呢。不要这么说。你该高高兴兴，说你是在埋葬我的肉体。你觉得怎么样儿埋葬最好，最合适，你就怎么样儿埋葬。”

他说完就走进另一间屋里去洗澡了。克里跟他进那间屋去，叫我们等着。我们就说着话儿等待，也讨论讨论刚才听到的那番谈论，也就说到我们面临的巨大不幸。因为我们觉得他就像是我们的父亲，一旦失去了他，我们从此以后都成为孤儿了。他洗完澡，他的几个儿子也来见了他（他有两个小儿子，一个大儿子）。他家的妇女也来了。他当着克里的面，按自己的心愿，给了他们种种指示。然后他打发掉家里的女人，又来到我们这里。他在里间屋里耽搁了好长时候，太阳都快下去了。他洗完澡爽爽适适地又来和我们坐在一起。大家没再讲多少话。牢狱的监守跑来站在他旁边说："苏格拉底，我不会像我责怪别人那样来责怪你；因为我奉上司的命令叫他们喝毒药时候，他们都对我发狠，咒骂我。我是不会责怪你的。自从你到了这里，不管从哪方面来看，你始终是这监狱里最高尚、最温和、最善良的人。我知道你不生我的气，你是生别人的气。因为你明白谁是有过错的。现在，你反正知道我带给你的是什么消息了，我就和你告别了，你得承受的事就努力顺从吧。"他忍不住哭起来，转身走开。苏格拉底抬眼看着他说："我也和你告别了，我一定听你的话。"他接着对我们说："这人多可爱呀！我到这里以后，他经常来看看我，和我说说话儿，他是个最好的人，他这会儿为我痛哭流泪多可贵啊！好吧，克里，咱们就听从他的命令，毒药如果已经配制好了，就叫人拿来吧；如果还没配制好，就叫人配制去。"克里说："可是我想啊，苏格拉底，太阳还在山头上，没下山呢，我知道别人到老晚才喝那毒药。他们听到命令之后，还要吃吃喝喝，和亲爱的人相聚取乐，磨蹭一会儿。别着急，时候还早呢。"

苏格拉底说："克里，你说的那些人的行为是对的，因为他们认为这样就得了便宜。我不照他们那样行事也是对的，因为我觉得晚些儿服毒对我并没有好处。现在生命对我已经没用了。如果我揪住了生命舍不得放手，我只会叫我自己都觉得可笑。得了，听我的话，不要拒绝我了。”

克里就对站在旁边的一个男孩子点点头。那孩子跑出去待了好一会，然后带了那个掌管毒药的人进来。那人拿着一杯配制好的毒药。苏格拉底见了他说：“哎，我的朋友，你是内行，教我怎么喝。”那人说：“很简单，把毒药喝下去，你就满地走，直走到你腿里觉得重了，你就躺下，毒性自己会发作。”

那人说着就把杯子交给苏格拉底。他接过了杯子。伊奇啊，他非常安详，手也不抖，脸色也不变。他抬眼像他惯常的模样大睁着眼看着那人说：“我想倒出一点来行个祭奠礼，行吗？”那人说：“苏格拉底，我们配制的毒药只够你喝的。”苏格拉底说：“我懂。不过我总该向天神们祈祷一番，求我离开人世后一切幸运。我做过这番祷告了，希望能够如愿。”他说完把杯子举到嘴边，高高兴兴、平平静静地干了杯。我们大多数人原先还能忍住眼泪，这时看他一口口地喝，把毒药喝尽，我们再也忍耐不住了。我不由自主，眼泪像泉水般涌出来。我只好把大氅裹着脸，偷偷地哭。我不是为他哭。我是因为失去了这样一位朋友，哭我的苦运。克里起身往外走了，比我先走，因为他抑制不住自己的眼泪了。不过阿波早先就一直在哭，这时伤心得失声号哭，害得我们大家都撑不住了。只有苏格拉底本人不动声色。他说：“你们这伙人真没道理！这是什么行为啊！我把女人都打发出去，就为了不让她们做出这等荒谬的事来。因为我听说，人最好是在安静中死。你们要安静，要勇敢。”我们听了很惭愧，忙制住眼泪。他走着走着，后来他说腿重了，就脸朝天躺下，因为陪侍着他的人叫他这样躺的。掌管他毒药的那人双手按着他，过一会儿又观察他的脚和腿，然后又使劲捏他的脚，问有没有感觉，他说“没有”；然后又捏他的大腿，一路捏上去，让我们知道他正渐渐僵冷。那人再又摸摸他，说冷到心脏，他就去了。这时候他已经冷到肚子和大腿交接的地方，他把已经蒙上的脸又露出来说（这是他临终的话）：“克里，咱们该向医药神祭献一只公鸡。去买一只，别疏忽。”[①] 克里说：“我们会照办的，还有别的吩咐吗？”他对这一问没有回答。过一会儿他动了一下，陪侍他的人揭开他脸上盖的东西，他的眼睛已经定了。克里看见他眼睛定了，就为他闭上嘴、闭上眼睛。

伊奇啊，我们的朋友就这样完了。我们可以说，在他那个时期，凡是我们所认识的人里，他是最善良、最有智慧、最正直的人。

---

① 医药神（Aesculapius）是阿波罗的儿子，有起死回生的医术。苏格拉底的这句话是他临终的一句话，注释者有不同的解释。例如有人认为这是服毒后的呓语；盖德注解本264页综合各说，认为最普遍最合理的解释是：苏格拉底不愿疏忽当时希腊人的传统信仰，同时又表示他从此解脱了一切人间疾苦。（译者注）

Phaedo

ECHECRATES. Were you with Socrates yourself, Phaedo, on the day when he drank the poison in prison, or did you hear about it from someone else?

PHAEDO. I was there myself, Echecrates.

ECHECRATES. Then what did he say before his death? And how did he die? I should like to hear, for nowadays none of the Phliasians go to Athens at all, and no stranger has come from there for a long time, who could tell us anything definite about this matter, except that he drank poison and died, so we could learn no further details.

PHAEDO. Did you not even hear about the trial and how it was conducted?

ECHECRATES. Yes, some one told us about that, and we wondered that although it took place a long time ago, he was put to death much later. Now why was that, Phaedo?

PHAEDO. It was a matter of chance, Echecrates. It happened that the stern of the ship which the Athenians send to Delos was crowned on the day before the trail.

ECHECRATES. What ship is this?

PHAEDO. This is the ship, as the Athenians say, in which Theseus once went to Crete with the fourteen youths and maidens, and saved them and himself. Now the Athenians made a vow to Apollo, as the story goes, that if they were saved they would send a mission every year to Delos. And from that time even to the present day they send it annually in honour of the god. Now it is their law that after the mission begins the city must be pure and no one may be publicly executed until the ship has gone to Delos and back; and sometimes, when contrary winds detain it, this takes a long time. The beginning of the mission is when the priest of Apollo crowns the stern of the ship; and this took place, as I say, on the day before the trial. For that reason Socrates passed a long time in prison between his trial and his death.

ECHECRATES. What took place at his death, Phaedo? What was said and done? And which of his friends were with him? Or did the authorities forbid them to be present, so that he died without his friends?

PHAEDO. Not at all. Some were there, in fact, a good many.

ECHECRATES. Be so good as to tell us as exactly as you can about all these things, if you are not too busy.

PHAEDO. I am not busy and I will try to tell you. It is always my greatest pleasure to be reminded of Socrates whether by speaking of him myself or by listening to someone else.

ECHECRATES. Well, Phaedo, you will have hearers who feel as you do; so try to tell us everything as accurately as you can.

PHAEDO. For my part, I had strange emotions when I was

there. For I was not filled with pity as I might naturally be when present at the death of a friend; since he seemed to me to be happy, both in his bearing and his words, he was meeting death so fearlessly and nobly. And so I thought that even in going to the abode of the dead he was not going without the protection of the gods, and that when he arrived there it would be well with him, if it ever was well with anyone. And for this reason I was not at all filled with pity, as might seem natural when I was present at a scene of mourning; nor on the other hand did I feel pleasure because we were occupied with philosophy, as was our custom—and our talk was of philosophy; — but a very strange feeling came over me, an unaccustomed mixture of pleasure and of pain together, when I thought that Socrates was presently to die. And all of us who were there were in much the same condition, sometimes laughing and sometimes weeping; especially one of us, Apollodorus; you know him and his character.

ECHECRATES. To be sure I do.

PHAEDO. He was quite unrestrained, and I was much agitated myself, as were the others.

ECHECRATES. Who were these, Phaedo?

PHAEDO. Of native Athenians there was this Apollodorus, and Critobulus and his father, and Hermogenes and Epiganes and Aeschines and Antisthenes; and Ctesippus the Paeanian was there too, and Menexenus and some other Athenians. But

Plato, I think, was ill.

ECHECRATES. Were any foreigners there?

PHAEDO. Yes, Simmias of Thebes and Cebes and Phaedonides, and from Megara Euclides and Terpsion.

ECHECRATES. What? Were Aristippus and Cleombrotus there?

PHAEDO. No. They were said to be in Aegina.

ECHECRATES. Was anyone else there?

PHAEDO. I think these were about all.

ECHECRATES. Well then, what was the conversation?

PHAEDO. I will try to tell you everything from the beginning. On the previous days I and the others had always been in the habit of visiting Socrates. We used to meet at daybreak in the court where the trial took place, for it was near the prison; and every day we used to wait about, talking with each other, until the prison was opened, for it was not opened early; and when it was opened, we went in to Socrates and passed most of the day with him. On that day we came together earlier; for the day before, when we left the prison in the evening we heard that the ship had arrived from Delos. So we agreed to come to the usual place as early in the morning as possible. And we came, and the jailer who usually answered the door came out and told us to wait and not go in until he told us. "For," he said, "the eleven are releasing Socrates from his fetters and giving directions how he is to die today." So after a little delay he came and told us to go in. We went in then and found Socrates just released from his fetters and Xanthippe—you know her—with his little son in her arms, sitting beside him. Now when Xanthippe saw us, she cried out and said the kind of thing that women always do say: "Oh Socrates, this is the last time now that your friends will speak to you or you to them." And Socrates glanced at Crito and said, "Crito, let somebody take her home." And some of Crito's people took her away wailing and beating her breast. But Socrates sat up on his couch and bent his leg and rubbed it with his hand, and while he was rubbing it, he said, "What a strange thing, my friends, that seems to be which men call pleasure! How wonderfully it is related to that which seems to be its opposite, pain, in that they will not both come to a man at the same time, and yet if he pursues the one and captures it, he is generally obliged to take the other also, as if the two were joined together in one head. And I think," he said, "if Aesop had thought of them, he would have made a fable telling how they were at war and god wished to reconcile them, and when he could not do that, he fastened their heads together, and for that reason, when one of them comes to anyone, the other follows after. Just so it seems that in my case, after pain was in my leg on account of the fetter, pleasure appears to have come following after."

Here Cebes interrupted and said, "By Zeus, Socrates, I am glad you reminded me. Several others have asked about the poems you have composed, the metrical versions of Aesop's fables and the hymn to Apollo, and Evenus asked me the day before yesterday why you who never wrote any poetry before, composed these verses after you came to prison. Now, if you care that I should be able to answer Evenus when he asks me again—and I know he will ask me—tell me what to say."

"Then tell him, Cebes," said he, "the truth, that I composed these verses not because I wished to rival him or his poems, for I knew that would not be easy, but because I wished to test the meaning of certain dreams, and to make sure that I was neglecting no duty in case their repeated commands meant that I must cultivate the Muses in this way. They were something like this. The same dream came to me often in my past life, sometimes in one form and sometimes in another, but always saying the same thing: 'Socrates,' it said, 'make music and work at it.' And I formerly thought it was urging and encouraging me to do what I was doing already and that just as people encourage runners by cheering, so the dream was encouraging me to do what I was doing, that is, to make music, because philosophy was the greatest kind of music and I was working at that. But now, after the trial and while the festival of the god delayed my execution, I thought, in case the repeated dream really meant to tell me to make this which is ordinarily called music, I ought to do so and not to disobey. For I thought it was safer not to go hence before making sure that I had done what I ought, by obeying the dream and composing verses. So first I composed a hymn to the god whose festival it was; and after the god, considering that a poet, if he is really to be a poet, must compose myths and not speeches, since I was not a maker of myths, I took the myths of Aesop, which I had at hand and knew, and turned into verse the first I came upon. So tell Evenus that, Cebes, and bid him farewell, and tell him, if he is wise, to come after me as quickly as he can. I, it seems, am going to-day; for that is the order of the Athenians."

And Simmias said, "What a message that is, Socrates, for Evenus! I have met him often, and from what I have seen of him, I should say that he will not take your advice in the least if he can help it."

"Why so?" said he. "Is not Evenus a philosopher?"

"I think so," said Simmias.

"Then Evenus will take my advice, and so will every man who has any worthy interest in philosophy. Perhaps, however, he will not take his own life, for they say that is not permitted." And as he spoke he put his feet down on the ground and remained sitting in this way through the rest of the conversation.

Then Cebes asked him: "What do you mean by this, Socrates, that it is not permitted to take one's life, but that the philosopher would desire to follow after the dying?"

"How is this, Cebes? Have you and Simmias, who are pupils of Philolaus, not heard about such things?"

"Nothing definite, Socrates."

"I myself speak of them only from hearsay; but I have no objection to telling what I have heard. And indeed it is perhaps especially fitting, as I am going to the other world, to tell stories about the life there and consider what we think about it; for what else could one do in the time between now and sunset?"

"Why in the world do they say that it is not permitted to kill oneself, Socrates? I heard Philolaus, when he was living in our city, say the same thing you just said, and I have heard it from others, too, that one must not do this; but I never heard anyone say anything definite about it."

"You must have courage," said he, "and perhaps you might hear something. But perhaps it will seem strange to you that this alone of all laws is without exception, and it never happens to mankind, as in other matters, that only at some times and for some persons it is better to die than to live; and it will perhaps seem strange to you that these human beings for whom it is better to die cannot without impiety do good to themselves, but must wait for some other benefactor."

And Cebes, smiling gently, said, "Gawd knows it does," speaking in his own dialect.

"It would seem unreasonable, if put in this way," said Socrates, "but perhaps there is some reason in it. Now the doctrine that is taught in secret about this matter, that we men are in a kind of prison and must not set ourselves free or run away, seems to me to be weighty and not easy to understand. But this at least, Cebes, I do believe is sound, that the gods are our guardians and that we men are one of the chattels of the gods. Do you not believe this?"

"Yes," said Cebes, "I do."

"Well then," said he, "if one of your chattels should kill itself when you had not indicated that you wished it to die, would you be angry with it and punish it if you could?"

"Certainly," he replied.

"Then perhaps from this point of view it is not unreasonable to say that a man must not kill himself until god sends some necessity upon him, such as has now come upon me."

"That," said Cebes, "seems sensible. But what you said just now, Socrates, that philosophers ought to be ready and willing to die, that seems strange if we were right just now in saying that god is our guardian and we are his possessions. For it is not reasonable that the wisest men should not be troubled when they leave that service in which the gods, who are the best overseers in the world, are watching over them. A wise man certainly does not think that when he is free he can take better care of himself than they do. A foolish man might perhaps think so, that he ought to run away from his master, and he would not consider that he must not run away from a good master, but ought to stay with him as long as possible; and so he might thoughtlessly run away; but a man of sense would wish to be always with one who is better than himself. And yet, Socrates, if we look at it in this way, the contrary of what we just said seems natural; for the wise ought to be troubled at dying and the foolish to rejoice."

When Socrates heard this I thought he was pleased by Cebes' earnestness, and glancing at us, he said, "Cebes is always on the track of arguments and will not be easily convinced by whatever anyone says."

And Simmias said, "Well, Socrates, this time I think myself that Cebes is right. For why should really wise men run away from masters who are better than they and lightly separate themselves from them? And it strikes me that Cebes is aiming his argument at you, because you are so ready to leave us and the gods, who are, as you yourself agree, good rulers."

"You have a right to say that," he replied; "for I think you mean that I must defend myself against this accusation, as if we were in a law court."

"Precisely," said Simmias.

"Well, then," said he, "I will try to make a more convincing defence than I did before the judges. For if I did not believe," said he, "that I was going to other wise and good gods, and, moreover, to men who have died, better men than those here, I should be wrong in not grieving at death. But as it is, you may rest assured that I expect to go to good men, though I should not care to assert this positively; but I would assert as positively as anything about such matters that I am going to gods who are good masters. And therefore, so far as that is concerned, I not only do not grieve, but I have great hopes that there is something in store for the dead, and, as has been said of old, something better for the good than for the wicked."

"Well," said Simmias, "do you intend to go away, Socrates, and keep your opinion to yourself, or would you let us share it? It seems to me that this is a good which belongs in common to us also, and at the same time, if you convince us by what you say, that will serve as your defence."

"I will try," he replied. "But first let us ask Crito there what he wants. He has apparently been trying to say something for a long time."

"Only, Socrates," said Crito, "that the man who is to administer the poison to you has been telling me for some time to warn you to talk as little as possible. He says people get warm when they talk and heat has a bad effect on the action of the poison; so sometimes he has to make those who talk too much drink twice or even three times."

And Socrates said: "Never mind him. Just let him do his part and prepare to give it twice or even, if necessary, three times."

"I was pretty sure that was what you would say," said Crito, "but he has been bothering me for a long time."

"Never mind him," said Socrates. "I wish now to explain to you, my judges, the reason why I think a man who has really spent his life in philosophy is naturally of good courage when he is to die, and has strong hopes that when he is dead he will attain the greatest blessings in that other land. So I will try to tell you, Simmias, and Cebes, how this would be.

"Other people are likely not to be aware that those who pursue philosophy aright study nothing but dying and being dead. Now if this is true, it would be absurd to be eager for nothing but this all their lives, and then to be troubled when that came for which they had all along been eagerly practising."

And Simmias laughed and said, "By Zeus, Socrates, I don't feel much like laughing just now, but you made me laugh. For I think the multitude, if they heard what you just said about the philosophers, would say you were quite right, and our people at home would agree entirely with you that Philosophers desire death, and they would add that they know very well that the philosophers deserve it."

"And they would be speaking the truth, Simmias, except in the matter of knowing very well. For they do not know in what way the real philosophers desire death, nor in what way they deserve death, nor what kind of a death it is. Let us then," said he, "speak with one another, paying no further attention to them. Do we think there is such a thing as death?"

"Certainly," replied Simmias.

"We believe, do we not, that death is the separation of the soul from the body, and that the state of being dead is the state in which the body is separated from the soul and exists alone by itself and the soul is separated from the body and exists alone by itself? Is death anything other than this?" "No, it is this," said he.

"Now, my friend, see if you agree with me; for, if you do, I think we shall get more light on our subject. Do you think a philosopher would be likely to care much about the so-called pleasures, such as eating and drinking?"

"By no means, Socrates," said Simmias.

"How about the pleasures of love?"

"Certainly not."

"Well, do you think such a man would think much of the

other cares of the body—I mean such as the possession of fine clothes and shoes and the other personal adornments? Do you think he would care about them or despise them, except so far as it is necessary to have them?"

"I think the true philosopher would despise them," he replied.

"Altogether, then, you think that such a man would not devote himself to the body, but would, so far as he was able, turn away from the body and concern himself with the soul?"

"Yes."

"To begin with, then, it is clear that in such matters the philosopher, more than other men, separates the soul from communion with the body?"

"It is."

"Now certainly most people think that a man who takes no pleasure and has no part in such things doesn't deserve to live, and that one who cares nothing for the pleasures of the body is about as good as dead."

"That is very true."

"Now, how about the acquirement of pure knowledge? Is the body a hindrance or not, if it is made to share in the search for wisdom? What I mean is this: Have the sight and hearing of men any truth in them, or is it true, as the poets are always telling us, that we neither hear nor see anything accurately? And yet if these two physical senses are not accurate or exact, the rest are not likely to be, for they are inferior to these. Do you not think so?"

"Certainly I do," he replied.

"Then," said he, "when does the soul attain to truth? For when it tries to consider anything in company with the body, it is evidently deceived by it."

"True."

"In thought, then, if at all, something of the realities becomes clear to it?"

"Yes."

"But it thinks best when none of these things troubles it, neither hearing nor sight, nor pain nor any pleasure, but it is, so far as possible, alone by itself, and takes leave of the body, and avoiding, so far as it can, all association or contact with the body, reaches out toward the reality."

"That is true."

"In this matter also, then, the soul of the philosopher greatly despises the body and avoids it and strives to be alone by itself?"

"Evidently."

"Now how about such things as this, Simmias? Do we think there is such a thing as absolute justice, or not?"

"We certainly think there is."

"And absolute beauty and goodness."

"Of course."

"Well, did you ever see anything of that kind with your eyes?"

"Certainly not," said he.

"Or did you ever reach them with any of the bodily senses? I am speaking of all such things, as size, health, strength, and in short the essence or underlying quality of everything. Is their true nature contemplated by means of the body? Is it not rather the case that he who prepares himself most carefully to understand the true essence of each thing that he examines would come nearest to the knowledge of it?"

"Certainly."

"Would not that man do this most perfectly who approaches each thing, so far as possible, with the reason alone, not introducing sight into his reasoning nor dragging in any of the other senses along with his thinking, but who employs pure, absolute reason in his attempt to search out the pure, absolute essence of things, and who removes himself, so far as possible, from eyes and ears, and, in a word, from his whole body, because he feels that its companionship disturbs the soul and hinders it from attaining truth and wisdom? Is not this the man, Simmias, if anyone, to attain to the knowledge of reality?"

"That is true as true can be, Socrates," said Simmias.

"Then," said he, "all this must cause good lovers of wisdom to think and say one to the other something like this: 'There seems to be a short cut which leads us and our argument to the conclusion in our search that so long as we have the body, and the soul is contaminated by such an evil, we shall never attain completely what we desire, that is, the truth. For the body keeps us constantly busy by reason of its need of sustenance; and moreover, if diseases come upon it they hinder our pursuit of the truth. And the body fills us with passions and desires and fears, and all sorts of fancies and foolishness, so that, as they say, it really and truly makes it impossible for us to think at all. The body and its desires are the only cause of wars and factions and battles; for all wars arise for the sake of gaining money, and we are compelled to gain money for the sake of the body. We are slaves to its service. And so, because of all these things, we have no leisure for philosophy. But the worst of all is that if we do get a bit of leisure and turn to philosophy, the body is constantly breaking in upon our studies and disturbing us with noise and confusion, so that it prevents our beholding the truth, and in fact we perceive that, if we are ever to know anything absolutely, we must be free from the body and must behold the actual realities with the eye of the soul alone. And then, as our argument shows, when we are dead we are likely to possess the wisdom which we desire and claim to be enamoured of, but not while we live. For, if pure knowledge is impossible while the body is with us, one of two thing must follow, either it cannot be acquired at all or only when we are dead; for then the soul will be by itself apart from the body, but not before. And while we live, we shall, I think, be nearest to knowledge when we avoid, so far as possible, intercourse and communion with the body, except what is absolutely necessary, and are not filled with its nature, but keep ourselves pure from it until God himself sets us free. And in this way, freeing ourselves from the foolishness of the body and being pure, we shall, I think, be with the pure and shall know of ourselves all that is pure, —and that is, perhaps, the truth. For it cannot be that the impure attain the pure.' Such words as these, I think, Simmias, all who are rightly lovers of knowledge must say to each other and such must be their thoughts. Do you not agree?"

"Most assuredly, Socrates."

"Then," said Socrates, "if this is true, my friend, I have great hopes that when I reach the place to which I am going, I shall there, if anywhere, attain fully to that which has been my chief object in my past life, so that the journey which is now imposed upon me is begun with good hope; and the like hope exists for every man who thinks that his mind has been purified and made ready."

"Certainly," said Simmias.

"And does not the purification consist in this which has been mentioned long ago in our discourse, in separating, so far as possible, the soul from the body and teaching the soul the habit of collecting and bringing itself together from all parts of the body, and living, so far as it can, both now and hereafter, alone by itself, freed from the body as from fetters?"

"Certainly," said he.

"Well, then, this is what we call death, is it not, a release and separation from the body?"

"Exactly so," said he.

"But, as we hold, the true philosophers and they alone are always most eager to release the soul, and just this—the release and separation of the soul from the body—is their study, is it not?"

"Obviously."

"Then, as I said in the beginning, it would be absurd if a man who had been all his life fitting himself to live as nearly in a state of death as he could, should then be disturbed when death came to him. Would it not be absurd?"

"Of course."

"In fact, then, Simmias," said he, "the true philosophers practise dying, and death is less terrible to them than to any other men. Consider it in this way. They are in every way hostile to the body and they desire to have the soul apart by itself alone. Would it not be very foolish if they should be frightened and troubled when this very thing happens, and if they should not be glad to go to the place where there is hope of attaining what they longed for all through life—and they longed for wisdom—and of escaping from the companionship of that which they hated? When human loves or wives or sons have died, many men have willingly gone to the other world led by the hope of seeing there those whom they longed for, and of being with them; and shall he who is really in love with wisdom and has a firm belief that he can find it nowhere else than in the other world grieve when he dies and not be glad to go there? We cannot think that, my friend, if he is really a philosopher; for he will confidently believe that he will find pure wisdom nowhere else than in the other world. And if this is so, would it not be very foolish for such a man to fear death?"

"Very foolish, certainly," said he.

"Then is it not," said Socrates, "a sufficient indication, when you see a man troubled because he is going to die, that he was not a lover of wisdom but a lover of the body? And this same man is also a lover of money and of honour, one or both."

"Certainly," said he, "it is as you say."

"Then, Simmias," he continued, "is not that which is

called courage especially characteristic of philosophers?"

"By all means," said he.

"And self-restraint—that which is commonly called self-restraint, which consists in not being excited by the passions and in being superior to them and acting in a seemly way—is not that characteristic of those alone who despise the body and pass their lives in philosophy?"

"Necessarily," said he.

"For," said Socrates, "if you care to consider the courage and the self-restraint of other men, you will see that they are absurd."

"How so, Socrates?"

"You know, do you not, that all other men count death among the great evils?"

"They certainly do."

"And do not brave men face death—when they do face it—through fear of greater evils?"

"That is true."

"Then all expect philosophers are brave through fear. And yet it is absurd to be brave through fear and cowardice."

"Very true."

"And how about those of seemly conduct? Is their case not the same? They are self-restrained because of a kind of self-indulgence. We say, to be sure, that this is impossible, nevertheless their foolish self-restraint amounts to little more than this; for they fear that they may be deprived of certain pleasures which they desire, and so they refrain from some because they are under the sway of others. And yet being ruled by pleasures is called self-indulgence. Nevertheless they conquer pleasures because they are conquered by other pleasures. Now this is about what I said just now, that they are self-restrained by a kind of self-indulgence."

"So it seems."

"My dear Simmias, I suspect that this is not the right way to purchase virtue, by exchanging pleasures for pleasures, and pains for pains, and fear for fear, and greater for less, as if they were coins, but the only right coinage, for which all those things must be exchanged and by means of and with which all these things are to be bought and sold, is in fact wisdom; and courage and self-restraint and justice and, in short, true virtue exist only with wisdom, whether pleasures and fears and other things of that sort are added or taken away. And virtue which consists in the exchange of such things for each other without wisdom, is but a painted imitation of virtue and is really slavish and has nothing healthy or true in it; but truth is in fact a purification from all these things, and self-restraint and justice and courage and wisdom itself are a kind of purification. And I fancy that those men who established the mysteries were not unenlightened, but in reality had a hidden meaning when they said long ago that whoever goes uninitiated and unsanctified to the other world will lie in the mire, but he who arrives there initiated and purified will dwell with the gods. For as they say in the mysteries, 'the thyrsus-bearers are many, but the mystics few'; and these mystics are, I believe, those who have been true philosophers. And I in my life have, so far as I could, left nothing undone, and have striven in every way to make myself one of them. But whether I have striven aright and have met with success, I believe I shall know clearly, when I have arrived there, very soon, if it is God's will. This then, Simmias and Cebes, is the defence I offer to show that it is reasonable for me not to be grieved or troubled at leaving you and the rulers I have here, because I believe that there, no less than here, I shall find good rulers and friends. If now I am more successful in convincing you by my defence than I was in convincing my Athenian judges, it is well."

When Socrates had finished, Cebes answered and said: "Socrates, I agree to the other things you say, but in regard to the soul men are very prone to disbelief. They fear that when the soul leaves the body it no longer exists anywhere, and that on the day when the man dies it is destroyed and perishes, and when it leaves the body and departs from it, straightway it flies away and is no longer anywhere, scattering like a breath or smoke. If it exists anywhere by itself as a unit, freed from these evils which you have enumerated just now, there would be good reason for the blessed hope, Socrates, that what you say is true. But perhaps no little argument and proof is required to show that when a man is dead the soul still exists and has any power and intelligence."

"What you say, Cebes, is true," said Socrates. "Now what shall we do? Do you wish to keep on conversing about this to see whether it is probable or not?"

"I do," said Cebes. "I should like to hear what you think about it."

"Well," said Socrates, "I do not believe anyone who heard us now, even if he were a comic poet, would say that I am chattering and talking about things which do not concern me. So if you like, let us examine the matter to the end.

"Let us consider it by asking whether the souls of men who have died are in the nether world or not. There is an ancient tradition, which we remember, that they go there from here and come back here again and are born from the dead. Now if this is true, if the living are born again from the dead, our souls would exist there, would they not? For they could not be born again if they did not exist, and this would be a sufficient proof that they exist, if it should really be made evident that the living are born only from the dead. But if this is not so, then some other argument would be needed."

"Certainly," said Cebes.

"Now," said he, "if you wish to find this out easily, do not consider the question with regard to men only, but with regard to all animals and plants, and, in short, to all things which may be said to have birth. Let us see with regard to all these, whether it is true that they are all born or generated only from their opposites, in case they have opposites, as for instance, the noble is the opposite of the disgraceful, the just of the unjust, and there are countless other similar pairs. Let us consider the question whether it is inevitable that everything which has an opposite be generated from its opposite and from it only. For instance, when anything becomes greater it must inevitably have been smaller and then have become greater."

"Yes."

"And if it becomes smaller, it must have been greater and then have become smaller?"

"That is true," said he.

"And the weaker is generated from the stronger, and the slower from the quicker?"

"Certainly."

"And the worse from the better and the more just from the more unjust?"

"Of course."

"Then," said he , "we have this fact sufficiently established, that all things are generated in this way, opposites from opposites?"

"Certainly."

"Now then, is there between all these pairs of opposites what may be called two kinds of generation, from one to the other and back again from the other to the first? Between a larger thing and a smaller thing there is increment and diminution and we call one increasing and the other decreasing, do we not?"

"Yes," said he.

"And similarly analysing and combining, and cooling and heating, and all opposites in the same way. Even if we do not in every case have the words to express it, yet in fact is it not always inevitable that there is a process of generation from each to the other?"

"Certainly," said he.

"Well then," said Socrates, "is there anything that is the opposite of living, as being awake is the opposite of sleeping?"

"Certainly," said Cebes.

"What?"

"Being dead," said he.

"Then these two are generated from each other, and as they are two, so the processes between them are two; is it not so?"

"Of course."

"Now," said Socrates, "I will tell about one of the two pairs of which I just spoke to you and its intermediate processes; and do you tell me about the other. I say one term is sleeping and the other is being awake, and being awake is generated from sleeping, and sleeping from being awake, and the processes of generation are, in the latter case, falling asleep, and in the former, waking up. Do you agree, or not?"

"Certainly."

"Now do you," said he, "tell me in this way about life and death. Do you not say that living is the opposite of being dead?"

"I do."

"And that they are generated one from the other?"

"Yes."

"Now what is it which is generated from the living?"

"The dead," said he.

"And what," said Socrates, "from the dead?"

"I can say only one thing—the living."

"From the dead, then, Cebes, the living, both things and persons, are generated?"

"Evidently," said he.

"Then," said Socrates, "our souls exist in the other world."

"So it seems."

"And of the two processes of generation between these two, the one is plain to be seen; for surely dying is plain to be seen, is it not?"

"Certainly," said he.

"Well then," said Socrates, "what shall we do next? Shall we deny the opposite process, and shall nature be one-sided in this instance? Or must we grant that there is some process of generation the opposite of dying?"

"Certainly we must," said he.

"What is this process?"

"Coming to life again."

"Then," said Socrates, "if there be such a thing as coming to life again, this would be the process of generation from the dead to the living?"

"Certainly."

"So by this method also we reach the conclusion that the living are generated from the dead, just as much as the dead from the living; and since this is the case, it seems to me to be a sufficient proof that the souls of the dead exist somewhere, whence they come back to life."

"I think, Socrates, that results necessarily from our previous admissions."

"Now here is another method, Cebes, to prove, as it

seems to me, that we were right in making those admissions. For if generation did not proceed from opposite to opposite and back again, going round, as it were in a circle, but always went forward in a straight line without turning back or curving, then, you know, in the end all things would have the same form and be acted upon in the same way and stop being generated at all."

"What do you mean?" said he.

"It is not at all hard," said Socrates, "to understand what I mean. For example, if the process of falling asleep existed, but not the opposite process of waking from sleep, in the end, you know, that would make the sleeping Endymion mere nonsense; he would be nowhere, for everything else would be in the same state as he, sound asleep. Or if all things were mixed together and never separated, the saying of Anaxagoras, 'all things are chaos,' would soon come true. And in like manner, my dear Cebes, if all things that have life should die, and, when they had died, the dead should remain in that condition, is it not inevitable that at last all things would be dead and nothing alive? For if the living were generated from any other things than from the dead, and the living were to die, is there any escape from the final result that all things would be swallowed up in death?"

"I see none, Socrates," said Cebes. "What you say seems to be perfectly true."

"I think, Cebes," said he, "it is absolutely so, and we are

not deluded in making these admissions, but the return to life is an actual fact, and it is a fact that the living are generated from the dead and that the souls of the dead exist."

"And besides," Cebes rejoined, "if it is true, Socrates, as you are fond of saying, that our learning is nothing else than recollection, then this would be an additional argument that we must necessarily have learned in some previous time what we now remember. But this is impossible if our soul did not exist somewhere before being born in this human form; and so by this argument also it appears that the soul is immortal."

"But, Cebes," said Simmias, "what were the proofs of this? Remind me; for I do not recollect very well just now."

"Briefly," said Cebes, "a very good proof is this: When people are questioned, if you put the questions well, they answer correctly of themselves about everything; and yet if they had not within them some knowledge and right reason, they could not do this. And that this is so is shown most clearly if you take them to mathematical diagrams or anything of that sort."

"And if you are not convinced in that way, Simmias." said Socrates, "see if you don't agree when you look at it in this way. You are incredulous, are you not, how that which is called learning can be recollection?"

"I am not incredulous," said Simmias, "but I want just

what we are talking about, recollection. And from what Cebes undertook to say I already begin to recollect and be convinced; nevertheless, I should like to hear what you were going to say."

"It was this," said he. "We agree, I suppose, that if anyone is to remember anything, he must know it at some previous time?"

"Certainly," said he.

"Then do we agree to this also, that when knowledge comes in such a way, it is recollection? What I mean is this: If a man, when he has heard or seen or in any other way perceived a thing, knows not only that thing, but also has a perception of some other thing, the knowledge of which is not the same, but different, are we not right in saying that he recollects the thing of which he has the perception?"

"What do you mean?"

"Let me give an example. Knowledge of a man is different from knowledge of a lyre."

"Of course."

"Well, you know that a lover when he sees a lyre or a cloak or anything else which his beloved is wont to use, perceives the lyre and in his mind receives an image of the boy to whom the lyre belongs, do you not? But this is recollection, just as when one sees Simmias, one often remembers Cebes, and I could cite countless such examples."

"To be sure you could," said Simmias.

"Now," said he, "is that sort of thing a kind of recollection? Especially when it takes place with regard to things which have already been forgotten through time and inattention?"

"Certainly," he replied.

"Well, then," said Socrates, "can a person on seeing a picture of a horse or of a lyre be reminded of a man, or on seeing a picture of Simmias be reminded of Cebes?"

"Surely."

"And on seeing a picture of Simmias he can be reminded of Simmias himself?"

"Yes," said he.

"All these examples show, then, that recollection is caused by like things and also by unlike things, do they not?"

"Yes."

"And when one has a recollection of anything caused by like things, will he not also inevitably consider whether this recollection offers a perfect likeness of the thing recollected, or not?"

"Inevitably," he replied.

"Now see," said he, "if this is true. We say there is such a thing as equality. I do not mean one piece of wood equal to another, or one stone to another, or anything of that sort, but something beyond that—equality in the abstract. Shall we say there is such a thing, or not?"

"We shall say that there is," said Simmias, "most decidedly."

"And do we know what it is?"

"Certainly," said he.

"Whence did we derive the knowledge of it? Is it not from the things we were just speaking of? Did we not, by seeing equal pieces of wood or stones or other things, derive from them a knowledge of abstract equality, which is another thing? Or do you not think it is another thing? Look at the matter in this way. Do not equal stones and pieces of wood, though they remain the same, sometimes appear to us equal in one respect and unequal in another?"

"Certainly."

"Well, then, did absolute equals ever appear to you unequal or equality inequality?"

"No, Socrates, never."

"Then," said he, "those equals are not the same as equality in the abstract."

"Not at all, I should say, Socrates."

"But from those equals," said he, "which are not the same as abstract equality, you have nevertheless conceived and acquired knowledge of it?"

"Very true," he replied.

"And it is either like them or unlike them?"

"Certainly."

"It makes no difference," said he. "Whenever the sight of one thing brings you a perception of another, whether they be like or unlike, that must necessarily be recollection."

"Surely."

"Now then," said he, "do the equal pieces of wood and the equal things of which we were speaking just now affect us in this way: Do they seem to us to be equal as abstract equality is equal, or do they somehow fall short of being like abstract equality?"

"They fall very far short of it," said he.

"Do we agree, then, that when anyone on seeing a thing thinks, 'This thing that I see aims at being like some other thing that exists, but falls short and is unable to be like that thing, but is inferior to it,' he who thinks thus must of necessity have previous knowledge of the thing which he says the other resembles but falls short of?"

"We must."

"Well, then, is this just what happened to us with regard to the equal things and equality in the abstract?"

"It certainly is."

"Then we must have had knowledge of equality before the time when we first saw equal things and thought, 'All these things are aiming to be like equality but fall short. ' "

"That is true. "

"And we agree, also, that we have not gained knowledge of it, and that it is impossible to gain this knowledge, except by sight or touch or some other of the senses? I consider that all the senses are alike. "

"Yes, Socrates, they are all alike, for the purposes of our argument. "

"Then it is through the senses that we must learn that all sensible objects strive after absolute equality and fall short of it. Is that our view?"

"Yes. "

"Then before we began to see or hear or use the other senses we must somewhere have gained a knowledge of abstract or absolute equality, if we were to compare with it the equals which we perceive by the senses, and see that all such things yearn to be like abstract equality but fall short of it. "

"That follows necessarily from what we have said before, Socrates. "

"And we saw and heard and had the other senses as soon as we were born?"

"Certainly. "

"But, we say, we must have acquired a knowledge of equality before we had these senses?"

"Yes."

"Then it appears that we must have acquired it before we were born."

"It does."

"Now if we had acquired that knowledge before we were born, and were born with it, we knew before we were born and at the moment of birth not only the equal and the greater and the less, but all such abstractions? For our present argument is no more concerned with the equal than with absolute beauty and the absolute good and the just and the holy, and, in short, with all those things which we stamp with the seal of 'absolute' in our dialectic process of questions and answers; so that we must necessarily have acquired knowledge of all these before our birth."

"That is true."

"And if after acquiring it we have not, in each case, forgotten it, we must always be born knowing these things, and must know them throughout our life; for to know is to have acquired knowledge and to have retained it without losing it, and the loss of knowledge is just what we mean when we speak of forgetting, is it not, Simmias?"

"Certainly, Socrates," said he.

"But, I suppose, if we acquired knowledge before we were born and lost it at birth, but afterwards by the use of our senses regained the knowledge which we had previously possessed, would not the process which we call learning really be recovering knowledge which is our own? And should we be right in calling this recollection?"

"Assuredly."

"For we found that it is possible, on perceiving a thing by the sight or the hearing or any other sense, to call to mind from that perception another thing which had been forgotten, which was associated with the thing perceived, whether like it or unlike it; so that, as I said, one of two things is true, either we are all born knowing these things and know them all our lives, or afterwards, those who are said to learn merely remember, and learning would then be recollection."

"That is certainly true, Socrates."

"Which then do you choose, Simmias? Were we born with the knowledge, or do we recollect afterwards things of which we had acquired knowledge before our birth?"

"I cannot choose at this moment, Socrates."

"How about this question? You can choose and you have some opinion about it: When a man knows, can he give an account of what he knows or not?"

"Certainly he can, Socrates."

"And do you think that everybody can give an account of the matters about which we have just been talking?"

"I wish they might," said Simmias; "but on the contrary I fear that tomorrow, at this time, there will be no longer any man living who is able to do so properly."

"Then, Simmias, you do not think all men know these things?"

"By no means."

"Then they recollect the things they once learned?"

"Necessarily."

"When did our souls acquire the knowledge of them? Surely not after we were born as human beings."

"Certainly not."

"Then previously."

"Yes."

"Then, Simmias, the souls existed previously, before they were in human form, apart from bodies, and they had intelligence."

"Unless, Socrates, we acquire these ideas at the moment of birth; for that time still remains."

"Very well, my friend. But at what other time do we lose them? For we are surely not born with them, as we just now agreed. Do we lose them at the moment when we receive them, or have you some other time to suggest?"

"None whatever, Socrates. I did not notice that I was talking nonsense."

"Then, Simmias," said he, "is this the state of the case? If, as we are always saying, the beautiful exists, and the good, and every essence of that kind, and if we refer all our sensations to these, which we find existed previously and are now ours, and compare our sensations with these, is it not a necessary inference that just as these abstractions exist, so our souls existed before we were born; and if these abstractions do not exist, our argument is of no force? Is this the case, and is it equally certain that provided these things exist our souls also existed before we were born, and that if these do not exist, neither did our souls?"

"Socrates, it seems to me that there is absolutely the same certainty, and our argument comes to the excellent conclusion that our soul existed before we were born, and that the essence of which you speak likewise exists. For there is nothing so clear to me as this, that all such things, the beautiful, the good, and all the others of which you were speaking just now, have a most real existence. And I think the proof is sufficient."

"But how about Cebes?" said Socrates. "For Cebes must be convinced, too."

"He is fully convinced, I think." said Simmias; "and yet he is the most obstinately incredulous of mortals. Still, I believe he is quite convinced of this, that our soul existed before we were born. However, that it will still exist after we die does not seem even to me to have been proved, Socrates, but the common fear, which Cebes mentioned just now, that when a man dies the soul is dispersed and this is the end of his existence, still remains. For assuming that the soul comes into being and is brought together from some source or other and exists before it enters into a human body, what prevents it, after it has entered into and left that body, from coming to an end and being destroyed itself?"

"You are right, Simmias," said Cebes. "It seems to me that we have proved only half of what is required, namely, that our soul existed before our birth. But we must also show that it exists after we are dead as well as before our birth, if the proof is to be perfect."

"It has been shown, Simmias and Cebes, already," said Socrates, "if you will combine this conclusion with the one we reached before, that every living being is born from the dead. For if the soul exists before birth, and, when it comes into life and is born, cannot be born from anything else than death and a state of death, must it not also exist after dying, since it must be born again? So the proof you call for has already been given. However, I think you and Simmias would like to carry on this discussion still further. You have the childish fear that when the soul goes out from the body the wind will really blow it away and scatter it, especially if a man happens to die in a high wind and not in calm weather."

And Cebes laughed and said, "Assume that we have that fear, Socrates, and try to convince us; or rather, do not assume that we are afraid, but perhaps there is a child within us, who has such fears. Let us try to persuade him not to fear death as if it were a hobgoblin."

"Ah," said Socrates, "you must sing charms to him every day until you charm away his fear."

"Where then, Socrates," said he, "shall we find a good singer of such charms, since you are leaving us?"

"Hellas, Cebes," he replied, "is a large country, in which there are many good men, and there are many foreign peoples also. You ought to search through all of them in quest of such a charmer, sparing neither money nor toil, for there is no greater need for which you could spend your money. And you must seek among yourselves, too, for perhaps you would hardly find others better able to do this than you."

"That," said Cebes, "shall be done. But let us return to the point where we left off, if you are willing."

"Oh, I am willing, of course."

"Good," said he.

"Well then," said Socrates, "must we not ask ourselves some such question as this? What kind of thing naturally suffers dispersion, and for what kind of thing might we naturally fear it, and again what kind of thing is not liable to it? And after this must we not inquire to which class the soul belongs and base our hopes or fears for our souls upon the answers to these questions?"

"You are quite right," he replied.

"Now is not that which is compounded and composite naturally liable to be decomposed, in the same way in which it was compounded? And if anything is uncompounded is not that, if anything, naturally unlikely to be decomposed?"

"I think," said Cebes, "that is true."

"Then it is most probable that things which are always the same and unchanging are the uncompounded things and the things that are changing and never the same are the composite things?"

"Yes, I think so."

"Let us then," said he, "turn to what we were discussing before. Is the absolute essence, which we in our dialectic process of question and answer call true being, always the same or is it liable to change? Absolute equality, absolute beauty, any absolute existence, true being—do they ever admit of any change whatsoever? Or does each absolute essence, since it is uniform and exists by itself, remain the same and never in any way admit of any change?"

"It must," said Cebes, "necessarily remain the same, Socrates."

"But how about the many things, for example, men, or horses, or cloaks, or any other such things, which bear the same names as the absolute essences and are called beautiful or equal or the like? Are they always the same? Or are they, in direct opposition to the essences, constantly changing in themselves, unlike each other, and, so to speak, never the same?"

"The latter," said Cebes; "they are never the same."

"And you can see these and touch them and perceive them by the other senses, whereas the things which are always the same can be grasped only by the reason, and are invisible and not to be seen?"

"Certainly," said he, "that is true."

"Now," said he, "shall we assume two kinds of existences, one visible, the other invisible?"

"Let us assume them," said cebes.

"And that the invisible is always the same and the visible constantly changing?"

"Let us assume that also," said he.

"Well then," said Socrates, "are we not made up of two parts, body and soul?"

"Yes," he replied.

"Now to which class should we say the body is more similar and more closely akin?"

"To the visible," said he; "that is clear to everyone."

"And the soul? Is it visible or invisible?"

"Invisible, to man, at least, Socrates."

"But we call things visible and invisible with reference to human vision, do we not?"

"Yes, we do."

"Then what do we say about the soul? Can it be seen or not?"

"It cannot be seen."

"Then it is invisible?"

"Yes."

"Then the soul is more like the invisible than the body is, and the body more like the visible."

"Necessarily, Socrates."

"Now we have also been saying for a long time, have we not, that, when the soul makes use of the body for any inquiry, either through seeing or hearing or any of the other senses—for inquiry through the body means inquiry through the senses, — then it is dragged by the body to things which never remain the same, and it wanders about and is confused and dizzy like a drunken man because it lays hold upon such things?"

"Certainly."

"But when the soul inquires alone by itself, it departs into the realm of the pure, the everlasting, the immortal and the changeless, and being akin to these it dwells always with them whenever it is by itself and is not hindered, and it has rest from its wanderings and remains always the same and unchanging with the changeless, since it is in communion therewith. And this state of the soul is called wisdom. Is it not so?"

"Socrates," said he, "what you say is perfectly right and true."

"And now again, in view of what we said before and of what has just been said, to which class do you think the soul has greater likeness and kinship?"

"I think, Socrates," said he, "that anyone, even the dullest, would agree, after this argument that the soul is infinitely more like that which is always the same than that which is not."

"And the body?"

"Is more like the other."

"Consider, then, the matter in another way. When the soul and the body are joined together, nature directs the one to serve and be ruled, and the other to rule and be master. Now this being the case, which seems to you like the divine, and which like the mortal? Or do you not think that the divine is by nature fitted to rule and lead, and the mortal to obey and serve?"

"Yes, I think so."

"Which, then, does the soul resemble?"

"Clearly, Socrates, the soul is like the divine and the body like the mortal."

"Then see, Cebes, if this is not the conclusion from all that we have said, that the soul is most like the divine and immortal and intellectual and uniform and indissoluble and ever unchanging, and the body, on the contrary, most like the human and mortal and multiform and unintellectual and dissoluble and ever changing. Can we say anything, my dear Cebes, to show that this is not so?"

"No, we cannot."

"Well then, since this is the case, is it not natural for the body to meet with speedy dissolution and for the soul, on the contrary, to be entirely indissoluble, or nearly so?"

"Of course."

"Observe," he went on, "that when a man dies, the visible part of him, the body, which lies in the visible world and which we call the corpse, which is naturally subject to dissolution and decomposition, does not undergo these processes at once, but remains for a considerable time, and even for a very long time, if death takes place when the body is in good condition, and at a favorable time of the year. For when the body is shrunk and embalmed, as is done in Egypt, it remains almost entire for an incalculable time. And even if the body decay, some parts of it, such as the bones and sinews and all that, are, so to speak, indestructible. Is not that true?"

"Yes."

"But the soul, the invisible, which departs into another place which is, like itself, noble and pure and invisible, to the realm of the god of the other world in truth, to the good and wise god, whither, if God will, my soul is soon to go, —is this soul, which has such qualities and such a nature, straightway scattered and destroyed when it departs from the body, as most men say? Far from it, dear Cebes and Simmias, but the truth is much rather this: —if it departs pure, dragging with it nothing of the body, because it never willingly associated with the body in life, but avoided it and gathered itself into itself alone, since this has always been its constant study— but this means nothing else than that it pursued philosophy rightly and really practiced being in a state of death: or is not this the practice of death?"

"By all means."

"Then if it is in such a condition, it goes away into that which is like itself, into the invisible, divine, immortal, and wise, and when it arrives there it is happy, freed from error and folly and fear and fierce loves and all the other human ills, and as the initiated say, lives in truth through all after time with the gods. Is this our belief, Cebes, or not?"

"Assuredly," said Cebes.

"But, I think, if when it departs from the body it is defiled and impure, because it was always with the body and cared for it and loved it and was fascinated by it and its desires and pleasures, so that it thought nothing was true except the corporeal, which one can touch and see and drink and eat and employ in the pleasures of love, and if it is accustomed to hate and fear and avoid that which is shadowy and invisible to the eyes but is intelligible and tangible to philosophy—do you think a soul in this condition will depart pure and uncontaminated?"

"By no means," said he.

"But it will be interpenetrated, I suppose, with the corporeal which intercourse and communion with the body have made a part of its nature because the body has been its constant companion and the object of its care? "

"Certainly."

"And, my friend, we must believe that the corporeal is burdensome and heavy and earthly and visible. And such a soul is weighed down by this and is dragged back into the visible world, through fear of the invisible and of the other world, and so, as they say, it flits about the monuments and the tombs, where shadowy shapes of souls have been seen, figures of those souls which were not set free in purity but retain something of the visible; and this is why they are seen."

"That is likely, Socrates."

"It is likely, Cebes. And it is likely that those are not the souls of the good, but those of the base, which are compelled to flit about such places as a punishment for their former evil mode of life. And they flit about until through the desire of the corporeal which clings to them they are again imprisoned in a body. And they are likely to be imprisoned in natures which correspond to the practices of their former life."

"What natures do you mean, Socrates?"

"I mean, for example, that those who have indulged in gluttony and violence and drunkenness, and have taken no pains to avoid them, are likely to pass into the bodies of asses and other beasts of that sort. Do you not think so?"

"Certainly that is very likely."

"And those who have chosen injustice and tyranny and robbery pass into the bodies of wolves and hawks and kites. Where else can we imagine that they go?"

"Beyond a doubt," said Cebes, "they pass into such creatures."

"Then," said he, "it is clear where all the others go, each in accordance with its own habits?"

"Yes," said Cebes, "of course."

"Then," said he, "the happiest of those, and those who go to the best place, are those who have practised, by nature and habit, without philosophy or reason, the social and civil virtues which are called moderation and justice?"

"How are these happiest?"

"Don't you see? Is it not likely that they pass again into some such social and gentle species as that of bees or of wasps or ants, or into the human race again, and that worthy men spring from them?"

"Yes."

"And no one who has not been a philosopher and who is not wholly pure when he departs, is allowed to enter into the communion of the gods, but only the lover of knowledge. It is for this reason, dear Simmias and Cebes, that those who truly love wisdom refrain from all bodily desires and resist them firmly and do not give themselves up to them, not because they fear poverty or loss of property, as most men, in their love of money, do; nor is it because they fear the dishonour or disgrace of wickedness, like the lovers of honour and power, that they refrain from them."

"No, that would not be seemly for them, Socrates," said Cebes.

"Most assuredly not," said he. "And therefore those who care for their own souls, and do not live in service to the body, turn their backs upon all these men and do not walk in their ways, for they feel that they know not whither they are going. They themselves believe that philosophy, with its deliverance and purification, must not be resisted, and so they turn and follow it whithersoever it leads."

"How do they do this, Socrates?"

"I will tell you," he replied. "The lovers of knowledge," said he, "perceive that when philosophy first takes possession of their soul it is entirely fastened and welded to the body and is compelled to regard realities through the body as through prison bars, not with its own unhindered vision, and is wallowing in utter ignorance. And philosophy sees that the most dreadful thing about the imprisonment is the fact that it is caused by the lusts of the flesh, so that the prisoner is the chief assistant in his own imprisonment. The lovers of knowledge, then, I say, perceive that philosophy, taking possession of the soul when it is in this state, encourages it gently and tries to set it free, pointing out that the eyes and the ears and the other senses are full of deceit, and urging it to withdraw from these, except in so far as their use is unavoidable, and exhorting it to collect and concentrate itself within itself, and to trust nothing except itself and its own abstract thought of abstract existence; and to believe that there is no truth in that which it sees by other means and which varies with the various objects in which it appears, since everything of that kind is visible and apprehended by the senses, whereas the soul itself sees that which is invisible and apprehended by the mind. Now the soul of the true philosopher believes that it must not resist this deliverance, and therefore it stands aloof from pleasures and lusts and griefs and fears, so far as it can, considering that when anyone has violent pleasures or fears or griefs or lusts he suffers from them not merely what one might think—for example, illness or loss of money spent for his lusts—but he suffers the greatest and most extreme evil and does not take it into account."

"What is this evil, Socrates?" said Cebes.

"The evil is that the soul of every man, when it is greatly pleased or pained by anything, is compelled to believe that the object which caused the emotion is very distinct and very true; but it is not. These objects are mostly the visible ones, are they not?"

"Certainly."

"And when this occurs, is not the soul most completely put in bondage by the body?"

"How so?"

"Because each pleasure or pain nails it as with a nail to the body and rivets it on and makes it corporeal, so that it fancies the things are true which the body says are true. For because it has the same beliefs and pleasures as the body it is compelled to adopt also the same habits and mode of life, and can never depart in purity to the other world, but must always go away contaminated with the body; and so it sinks quickly into another body again and grows into it, like seed that is sown. Therefore it has no part in the communion with the divine and pure and absolute."

"What you say, Socrates, is very true," said Cebes.

"This, Cebes, is the reason why the true lovers of knowledge are temperate and brave; not the world's reason. Or do you disagree?"

"Certainly not."

"No, for the soul of the philosopher would not reason as others do, and would not think it right that philosophy should set it free, and that then when set free it should give itself again into bondage to pleasure and pain and engage in futile toil, like Penelope unweaving the web she wove. No, his soul believes that it must gain peace from these emotions, must follow reason and abide always in it, beholding that which is true and divine and not a matter of opinion, and making that its only food; and in this way it believes it must live, while life endures, and then at death pass on to that which is akin to itself and of like nature, and be free from human ills. A soul which has been nurtured in this way, Simmias and Cebes, is not likely to fear that it will be torn asunder at its departure from the body and will vanish into nothingness, blown apart by the winds, and be no longer anywhere."

When Socrates had said this there was silence for a long time, and Socrates himself was apparently absorbed in what had been said, as were also most of us. But Simmias and Cebes conversed a little with each other; and Socrates saw them and said: "Do you think there is any incompleteness in what has been said? There are still many subjects for doubt and many points open to attack, if anyone cares to discuss the matter thoroughly. If you are considering anything else, I have nothing to say; but if you are in any difficulty about these matters, do not hesitate to speak and discuss them yourselves, if you think anything better could be said on the subject, and to take me along with you in the discussion, if you think you can get on better in my company."

And Simmias said: "Socrates, I will tell you the truth. For some time each of us has been in doubt and has been egging the other on and urging him to ask a question, because we wish to hear your answer, but hesitate to trouble you, for fear that it may be disagreeable to you in your present misfortune."

And when he heard this, he laughed gently and said: "Ah, Simmias! I should have hard work to persuade other people that I do not regard my present situation as a misfortune, when I cannot even make you believe it, but you are afraid I am more churlish now than I used to be. And you seem to think I am inferior in prophetic power to the swans who sing at other times also, but when they feel that they are to die, sing most and best in their joy that they are to go to the god whose servants they are. But men, because of their own fear of death, misrepresent the swans and say that they sing for sorrow, in mourning for their own death. They do not consider that no bird sings when it is hungry or cold or has any other trouble; no, not even the nightingale or the swallow or the hoopoe which are said to sing in lamentation. I do not believe they sing for grief, nor do the swans; but since they are Apollo's birds, I believe they have prophetic vision, and because they have foreknowledge of the blessings in the other world they sing and rejoice on that day more than ever before. And I think that I am myself a fellow-servant of the swans, and am consecrated to the same God and have received from our master a gift of prophecy no whit inferior to theirs, and that I go out from life with as little sorrow as they. So far as this is concerned, then, speak and ask whatever questions you please, so long as the eleven of the Athenians permit."

"Good," said Simmias. "I will tell you my difficulty, and then Cebes in turn will say why he does not agree to all you have said. I think, Socrates, as perhaps you do yourself, that it is either impossible or very difficult to acquire clear knowledge about these matters in this life. And yet he is a weakling who does not test in every way what is said about them and persevere until he is worn out by studying them on every side. For he must do one of two things; either he must learn or discover the truth about these matters, or if that is impossible, he must take whatever human doctrine is best and hardest to disprove and, embarking upon it as upon a raft, sail upon it through life in the midst of dangers, unless he can sail upon some stronger vessel, some divine revelation, and make his voyage more safely and securely. And so now I am not ashamed to ask questions, since you encourage me to do so, and I shall not have to blame myself hereafter for not saying now what I think. For, Socrates, when I examine what has been said, either alone or with Cebes, it does not seem quite satisfactory."

And Socrates replied: "Perhaps, my friend, you are right. But tell me in what respect it is not satisfactory."

"In this," said he, "that one might use the same argument about harmony and a lyre with its strings. One might say that the harmony is invisible and incorporeal, and very beautiful and divine in the well attuned lyre, but the lyre itself and its strings are bodies, and corporeal and composite and earthy and akin to that which is mortal. Now if someone shatters the lyre or cuts and breaks the strings, what if he should maintain by the same argument you employed, that the harmony could not have perished and must still exist? For there would be no possibility that the lyre and its strings, which are of mortal nature, still exist after the strings are broken, and the harmony, which is related and akin to the divine and the immortal, perish before that which is mortal. He would say that the harmony must still exist somewhere, and that the wood and the strings must rot away before anything could happen to it. And I fancy, Socrates, that it must have occurred to your own mind that we believe the soul to be something after this fashion; that our body is strung and held together by heat, cold, moisture, dryness, and the like, and the soul is a mixture and a harmony of these same elements, when they are well and properly mixed. Now if the soul is a harmony, it is clear that when the body is too much relaxed or is too tightly strung by diseases or other ills, the soul must of necessity perish, no matter how divine it is, like other harmonies in sounds and in all the works of artists, and the remains of each body will endure a long time until they are burnt of decayed. Now what shall we say to this argument, if anyone claims that the soul, being a mixture of the elements of the body, is the first to perish in what is called death?"

Then Socrates, looking keenly at us, as he often used to do, smiled and said: "Simmias raises a fair objection. Now if any of you is readier than I, why does he not reply to him? For he seems to score a good point. However, I think before replying to him we ought to hear what fault our friend Cebes finds with our argument, that we may take time to consider what to say, and then when we have heard them, we can either agree with them, if they seem to strike the proper note, or, if they do not, we can proceed to argue in defence of our reasoning. Come,

Cebes," said he, "tell us what it was that troubled you."

"Well, I will tell you," said Cebes. "The argument seems to me to be just where it was, and to be still open to the objection I made before. For I do not deny that it has been very cleverly, and, if I may say so, conclusively shown that the soul existed before it entered into this bodily form, but it does not seem to me proved that it will still exist when we are dead. I do not agree with Simmias's objection, that the soul is not stronger and more lasting than the body, for I think it is far superior in all such respects. 'Why then,' the argument might say, 'do you still disbelieve, when you see that after a man dies the weaker part still exists? Do you not think the stronger part must necessarily be preserved during the same length of time?' Now see if my reply to this has any sense. I think I may, like Simmias, best express myself in a figure. It seems to me that it is much as if one should say about an old weaver who had died, that the man had not perished but was safe and sound somewhere, and should offer as a proof of this the fact that the cloak which the man had woven and used to wear was still whole and had not perished. Then if anyone did not believe him, he would ask which lasts longer, a man or a cloak that is in use and wear, and when the answer was given that a man lasts much longer, he would think it had been proved beyond a doubt that the man was safe, because that which was less lasting had not perished.

"But I do not think he is right, Simmias, and I ask you especially to notice what I say. Anyone can understand that a man who says this is talking nonsense. For the weaver in question wove and wore out many such cloaks and lasted longer than they, though they were many, but perished, I suppose, before the last one. Yet a man is not feebler or weaker than a cloak on that account at all. And I think the same figure would apply to the soul and the body and it would be quite appropriate to say in like manner about them, that the soul lasts a long time, but the body lasts a shorter time and is weaker. And one might go on to say that each soul wears out many bodies, especially if the man lives many years. For if the body is constantly changing and being destroyed while the man still lives, and the soul is always weaving anew that which wears out, then when the soul perishes it must necessarily have on its last garment, and this only will survive it, and when the soul has perished, then the body will at once show its natural weakness and will quickly disappear in decay. And so we are not yet justified in feeling sure, on the strength of this argument, that our souls will still exist somewhere after we are dead. For if one were to grant even more to a man who uses your argument, Socrates, and allow not only that our souls existed before we were born, but also that there is nothing to prevent some of them from continuing to exist and from being born and dying again many times after we are dead, because the soul is naturally so strong that it can endure repeated births, —even allowing this, one might not grant that is does not suffer by its many births and does not finally perish altogether in one of its deaths. But he might say that no one knows beforehand the particular death and the particular dissolution of the body which brings destruction to the soul, for none of us can perceive that. Now if this is the case, anyone who feels confident about death has a foolish confidence, unless he can show that the soul is altogether immortal and imperishable. Otherwise a man who is about to die must always fear that his soul will perish utterly in the impending dissolution of the body."

Now all of us, as we remarked to one another afterwards, were very uncomfortable when we heard what they said; for we had been thoroughly convinced by the previous argument, and now they seemed to be throwing us again into confusion and distrust, not only in respect to the past discussion but also with regard to any future one. They made us fear that our judgment was worthless or that no certainty could be attained in these matters.

ECHECRATES. By the gods, Phaedo, I sympathise with you; for I myself after listening to you am inclined to ask myself: "What argument shall we believe henceforth? For the argument of Socrates was perfectly convincing, and now it has fallen into discredit." For the doctrine that the soul is a kind of harmony has always had (and has now) a wonderful hold upon me, and your mention of it reminded me that I had myself believed in it before. Now I must begin over again and find another argument to convince me that when a man dies his soul does not perish with him. So, for heaven's sake, tell how Socrates continued the discourse, and whether he also, as you say the rest of you did, showed any uneasiness, or calmly defended his argument. And did he defend it successfully? Tell us everything as accurately as you can.

PHAEDO. Echecrates, I have often wondered at Socrates, but never did I admire him more than then. That he had an answer ready was perhaps to be expected; but what astonished me more about him was, first, the pleasant, gentle, and respectful manner in which he listened to the young men's criticisms, secondly, his quick sense of the effect their words had upon us, and lastly, the skill with which he cured us and, as it were, recalled us from our flight and defeat and made us face about and follow him and join in his examination of the argument.

ECHECRATES. How did he do it?

PHAEDO. I will tell you. I was sitting at his right hand on a low stool beside his couch, and his seat was a good deal higher than mine. He stroked my head and gathered the hair on the back of my neck into his hand—he had a habit of playing with my hair on occasion—and said, "To-morrow, perhaps, Phaedo, you will cut off this beautiful hair."

"I suppose so, Socrates," said I.

"Not if you take my advice."

"What shall I do then?" I asked.

"You will cut it off to-day, and I will cut mine, if our argument dies and we cannot bring it to life again. If I were you and the argument escaped me, I would take an oath, like the Argives, not to let my hair grow until I had renewed the fight and won a victory over the argument of Simmias and Cebes."

"But," I replied, "they say that even Heracles is not a match for two."

"Well," said he, "call me to help you, as your Iolaus, while there is still light."

"I call you to help, then," said I, "not as Heracles calling Iolaus, but as Iolaus calling Heracles."

"That is all one," said he. "But first let us guard against a danger."

"Of what sort?" I asked.

"The danger of becoming misologists or haters of argument," said he, "as people become misanthropists or haters of man; for no worse evil can happen to a man than to hate argument. Misology and misanthropy arise from similar causes. For misanthropy arises from trusting someone implicitly without sufficient knowledge. You think the man is perfectly true and sound and trustworthy, and afterwards you find him base and false. Then you have the same experience with another person. By the time this has happened to a man a good many times, especially if it happens among those whom he might regard as his nearest and dearest friends, he ends by being in continual quarrels and by hating everybody and thinking there is nothing sound in anyone at all. Have you not noticed this?"

"Certainly," said I.

"Well," he went on, "is it not disgraceful, and is it not plain that such a man undertakes to consort with men when he has no knowledge of human nature? For if he had knowledge when he dealt with them, he would think that the good and the bad are both very few and those between the two are very many, for that is the case."

"What do you mean?"

"I mean just what I might say about the large and small. Do you think there is anything more unusual than to find a very large or a very small man, or dog, or other creature, or again, one that is very quick or slow, very ugly or beautiful, very black or white? Have you not noticed that the extremes in all these instances are rare and few, and the examples between the extremes are very many?"

"To be sure," said I.

"And don't you think," said he, "that if there were to be a competition in rascality, those who excelled would be very few in that also?"

"Very likely," I replied.

"Yes, very likely," he said. "But it is not in that respect that arguments are like men; I was merely following your lead in discussing that. The similarity lies in this: when a man without proper knowledge concerning arguments has confidence in the truth of an argument and afterwards thinks that it is false, whether it really is so or not, and this happens again and again; then you know, those men especially who have spent their time in disputation come to believe that they are the wisest of men and that they alone have discovered that there is nothing sound or sure in anything, whether argument or anything else, but all things go up and down, like the tide in the Euripus, and nothing is stable for any length of time."

"Certainly," I said, "that is very true."

"Then, Phaedo," he said, "if there is any system of argument which is true and sure and can be learned, it would be a sad thing if a man, because he has met with some of those arguments which seem to be sometimes true and sometimes false, should then not blame himself or his own lack of skill, but should end, in his vexation, by throwing the blame gladly upon the arguments and should hate and revile them all the rest of his life, and be deprived of the truth and knowledge of reality."

"Yes, by Zeus," I said, "it would be sad."

"First, then," said he, "let us be on our guard against this, and let us not admit into our souls the notion that there is no soundness in arguments at all. Let us far rather assume that we ourselves are not yet in sound condition and that we must strive manfully and eagerly to become so, you and the others for the sake of all your future life, and I because of my impending death; for I fear that I am not just now in a philosophical frame of mind as regards this particular question, but am contentious, like quite uncultured persons. For when they argue about anything, they do not care what the truth is in the matters they are discussing, but are eager only to make their own views seem true to their hearers. And I fancy I differ from them just now only to this extent: I shall not be eager to make what I say seem true to my hearers, except as a secondary matter, but shall be very eager to make myself believe it. For see, my friend, how selfish my attitude is. If what I say is true, I am the gainer by believing it; and if there be nothing for me after death, at any rate I shall not be burdensome to my friends by my lamentations in these last moments. And this ignorance of mine will not last, for that would be an evil, but will soon end. "So," he said, "Simmias and Cebes, I approach the argument with my mind thus prepared. But you, if you do as I ask, will give little thought to Socrates and much more to the truth; and if you think what I say is true, agree to it, and if not, oppose me with every argument you can muster, that I may not in my eagerness deceive myself and you alike and go away, like a bee, leaving my sting sticking in you."

"But we must get to work," he said. "First refresh my memory, if I seem to have forgotten anything. Simmias, I think, has doubts and fears that the soul, though more divine and excellent than the body, may perish first, being of the nature of a harmony. And, Cebes, I believe, granted that the soul is more lasting than the body, but said that no one could know that the soul, after wearing out many bodies, did not at last perish itself upon leaving the body; and that this was death—the destruction of the soul, since the body is continually being destroyed. Are those the points, Simmias and Cebes, which we must consider?"

They both agreed that these were the points.

"Now," said he, "do you reject all of our previous arguments, or only some of them?"

"Only some of them," they replied.

"What do you think," he asked, "about the argument in which we said that learning is recollection and that, since this is so, our soul must necessarily have been somewhere before it was imprisoned in the body?"

"I," said Cebes, "was wonderfully convinced by it at the time and I still believe it more firmly than any other argument."

"And I too," said Simmias, "feel just as he does, and I should be much surprised if I should ever think differently on this point."

And Socrates said: "You must, my Theban friend, think differently, if you persist in your opinion that a harmony is a compound and that the soul is a harmony made up of the elements that are strung like harpstrings in the body. For surely you will not accept your own statement that a composite harmony existed before those things from which it had to be composed, will you?"

"Certainly not, Socrates."

"Then do you see," said he, "that this is just what you say when you assert that the soul exists before it enters into the form and body of a man, and that it is composed of things that do not yet exist? For harmony is not what your comparison assumes it to be. The lyre and the strings and the sounds come into being in a tuneless condition, and the harmony is the last of all to be composed and the first to perish. So how can you bring this theory into harmony with the other?"

"I cannot at all," said Simmias.

"And yet," said Socrates, "there ought to be harmony between it and the theory about harmony above all others."

"Yes, there ought," said Simmias.

"Well," said he, "there is no harmony between the two theories. Now which do you prefer, that knowledge is recollection or that the soul is a harmony?"

"The former, decidedly, Socrates," he replied. "For this other came to me without demonstration; it merely seemed probable and attractive, which is the reason why many men hold it. I am conscious that those arguments which base their demonstrations on mere probability are deceptive, and if we are not on our guard against them they deceive us greatly, in geometry and in all other things. But the theory of recollection and knowledge has been established by a sound course of argument. For we agreed that our soul before it entered into the body existed just as the very essence which is called the absolute exists. Now I am persuaded that I have accepted this essence on sufficient and right grounds. I cannot therefore accept from myself or anyone else the statement that the soul is a harmony."

"Here is another way of looking at it, Simmias," said he. "Do you think a harmony or any other composite thing can be in any other state than that in which the elements are of which it is composed?"

"Certainly not."

"And it can neither do nor suffer anything other than they do or suffer?"

He agreed.

"Then a harmony cannot be expected to lead the elements of which it is composed, but to follow them."

He assented.

"A harmony, then, is quite unable to move or make a sound or do anything else that is opposed to its component parts."

"Quite unable," said he.

"Well then, is not every harmony by nature a harmony according as it is harmonised?"

"I do not understand," said Simmias.

"Would it not," said Socrates, "be more completely a harmony and a greater harmony if it were harmonised more fully and to a greater extent, assuming that to be possible, and less completely a harmony and a lesser harmony if less completely harmonised and to a less extent?"

"Certainly."

"Is this true of the soul? Is one soul even in the slightest degree more completely and to a greater extent a soul than another, or less completely and to a less extent?"

"Not in the least," said he.

"Well now," said he, "one soul is said to possess sense and virtue and to be good, and another to possess folly and wickedness and to be bad; and is this true?" "Yes, it is true."

"Now what will those who assume that the soul is a harmony say that these things— the virtue and the wickedness—in the soul are? Will they say that this is another kind of harmony and a discord, and that the soul, which is itself a harmony, has within it another harmony and that the other soul is discordant and has no other harmony within it?"

"I cannot tell," replied Simmias, "but evidently those who make that assumption would say something of that sort."

"But we agreed," said Socrates, "that one soul is no more or less a soul than another; and that is equivalent to an agreement that one is no more and to no greater extent, and no less and to no less extent, a harmony than another, is it not?" "Certainly."

"And that which is no more or less a harmony, is no more or less harmonised. Is that so?" "Yes."

"But has that which is no more and no less harmonised any greater or any less amount of harmony, or an equal amount?" "An equal amount."

"Then a soul, since it is neither more nor less a soul than another, is neither more nor less harmonised."

"That is so."

"And therefore can have no greater amount of discord or of harmony?" "No."

"And therefore again one soul can have no greater amount

of wickedness or virtue than another, if wickedness is discord and virtue harmony?" "It cannot."

"Or rather, to speak exactly, Simmias, no soul will have any wickedness at all, if the soul is a harmony; for if a harmony is entirely harmony, it could have no part in discord."

"Certainly not."

"Then the soul, being entirely soul, could have no part in wickedness."

"How could it, if what we have said is right?"

"According to this argument, then, if all souls are by nature equally souls, all souls of all living creatures will be equally good."

"So it seems, Socrates," said he.

"And," said Socrates, "do you think that this is true and that our reasoning would have come to this end, if the theory that the soul is a harmony were correct?"

"Not in the least," he replied.

"Well," said Socrates, "of all the parts that make up a man, do you think any is ruler except the soul, especially if it be a wise one?"

"No, I do not."

"Does it yield to the feelings of the body or oppose them? I mean, when the body is hot and thirsty, does not the soul oppose it and draw it away from drinking, and from eating when it is hungry, and do we not see the soul opposing the body in countless other ways?"

"Certainly."

"Did we not agree in our previous discussion that it could never, if it be a harmony, give forth a sound at variance with the tensions and relaxations and vibrations and other conditions of the elements which compose it, but that it would follow them and never lead them?"

"Yes," he replied, "we did, of course."

"Well then, do we not now find that the soul acts in exactly the opposite way, leading those elements of which it is said to consist and opposing them in almost everything through all our life, and tyrannising over them in every way, sometimes inflicting harsh and painful punishments (those of gymnastics and medicine), and sometimes milder ones, sometimes threatening and sometimes admonishing, in short, speaking to the desires and passions and fears as if it were distinct from them and they from it, as Homer has shown in the Odyssey when he says of Odysseus:

> He smote his breast, and thus he chid his heart:
> 'Endure it, heart, thou didst bear worse than this'?

Do you suppose that, when he wrote those words, he thought of the soul as a harmony which would be led by the conditions of the body, and not rather as something fitted to lead and rule them, and itself a far more divine thing than a harmony?"

"By Zeus, Socrates, the latter, I think."

"Then, my good friend, it will never do for us to say that the soul is a harmony; for we should, it seems, agree neither with Homer, the divine poet, nor with ourselves."

"That is true," said he.

"Very well," said Socrates, "Harmonia, the Theban goddess, has, it seems, been moderately gracious to us; but how, Cebes, and by what argument can we find grace in the sight of Cadmus?"

"I think," said Cebes, "you will find a way. At any rate, you conducted this argument against harmony wonderfully and better than I expected. For when Simmias was telling of his difficulty, I wondered if anyone could make head against his argument; so it seemed to me very remarkable that it could not withstand the first attack of your argument. Now I should not be surprised if the argument of Cadmus met with the same fate."

"My friend," said Socrates, "do not be boastful, lest some evil eye put to rout the argument that is to come. That, however, is in the hands of God. Let us, in Homeric fashion, 'charge the foe' and test the worth of what you say. Now the sum total of what you seek is this: You demand a proof that our soul is indestructible and immortal, if the philosopher, who is confident in the face of death and who thinks that after death he will fare better in the other world than if he had lived his life differently, is not to find his confidence senseless and foolish. And although we show that the soul is strong and godlike and existed before we men were born as men, all this, you say, may bear witness not to immortality, but only to the fact that the soul lasts a long while, and existed somewhere an immeasurably long time before our birth, and knew and did various things; yet it was none the more immortal for all that, but its very entrance into the human body was the beginning of its dissolution, a disease, as it were; and it lives in toil through this life and finally perishes in what we call death. Now it makes no difference, you say, whether a soul enters into a body once or many times, so far as the fear each of us feels is concerned; for anyone, unless he is a fool, must fear, if he does not know and cannot prove that the soul is immortal. That, Cebes, is, I think, about what you mean. And I restate it purposely that nothing may escape us and that you may, if you wish, add or take away anything."

And Cebes said, "I do not at present wish to take anything away or to add anything. You have expressed my meaning."

Socrates paused for some time and was absorbed in thought. Then he said: "It is no small thing that you seek; for the cause of generation and decay must be completely investigated. Now I will tell you my own experience in the matter, if you wish; then if anything I say seems to you to be of any use, you can employ it for the solution of your difficulty."

"Certainly," said Cebes, "I wish to hear your experiences."

"Listen then, and I will tell you. When I was young, Cebes, I was tremendously eager for the kind of wisdom which they call investigation of nature. I thought it was a glorious thing to know the causes of everything, why each thing comes into being and why it perishes and why it exists; and I was always unsettling myself with such questions as these: Do heat and cold, by a sort of fermentation, bring about the organisation of animals, as some people say? Is it the blood, or air, or fire by which we think? Or is it none of these, and does the brain furnish the sensations of hearing and sight and smell, and do memory and opinion arise from these, and does knowledge come from memory and opinion in a state of rest? And again I tried to find out how these things perish, and I investigated the phenomena of heaven and earth until finally I made up my mind that I was by nature totally unfitted for this kind of investigation. And I will give you a sufficient proof of this. I was so completely blinded by these studies that I lost the knowledge that I, and others also, thought I had before; I forgot what I had formerly believed I knew about many things and even about the cause of man's growth. For I had thought previously that it was plain to everyone that man grows through eating and drinking; for when, from the food he eats, flesh is added to his flesh and bones to his bones, and in the same way the appropriate thing is added to each of his other parts, then the small bulk becomes greater and the small man large. That is what I used to think. Doesn't that seem to you reasonable?"

"Yes," said Cebes.

"Now listen to this, too. I thought I was sure enough, when I saw a tall man standing by a short one, that he was, say, taller by a head than the other, and that one horse was larger by a head than another horse; and, to mention still clearer things than those, I thought ten were more than eight because two had been added to the eight, and I thought a two-cubit rule was longer than a one-cubit rule because it exceeded it by half its length."

"And now," said Cebes, "what do you think about them?"

"By Zeus," said he, "I am far from thinking that I know the cause of any of these things, I who do not even dare to say, when one is added to one, whether the one to which the addition was made has become two, or the one which was added, or the one which was added and the one to which it was added became two by the addition of each to the other. I think it is wonderful that when each of them was separate from the other, each was one and they were not then two, and when they were brought near each other this juxtaposition was the cause of their becoming two. And I cannot yet believe that if one is divided, the division causes it to become two; for this is the opposite of the cause which produced two in the former case; for then two arose because one was brought near and added to another one, and now because one is removed and separated from another. And I no longer believe that I know by this method even how one is generated or, in a word, how anything is generated or is destroyed or exists, and I no longer admit this method, but have another confused way of my own.

"Then one day I heard a man reading from a book, as he said, by Anaxagoras, that it is the mind that arranges and causes all things. I was pleased with this theory of cause, and it seemed to me to be somehow right that the mind should be the cause of all things, and I thought, 'If this is so, the mind in arranging things arranges everything and establishes each thing as it is best for it to be. So if anyone wishes to find the cause of the generation or destruction or existence of a particular thing, he must find out what sort of existence, or passive state of any kind, or activity is best for it. And therefore in respect to that particular thing, and other things too, a man need examine nothing but what is best and most excellent; for then he will necessarily know also what is inferior, since the science of both is the same.' As I considered these things I was delighted to think that I had found in Anaxagoras a teacher of the cause of things quite to my mind, and I thought he would tell me whether the earth is flat or round, and when he had told me that, would go on to explain the cause and the necessity of it, and would tell me the nature of the best and why it is best for the earth to be as it is; and if he said the earth was in the centre, he would proceed to show that it is best for it to be in the centre; and I had made up my mind that if he made those things clear to me, I would no longer yearn for any other kind of cause. And I had determined that I would find out in the same way about the sun and the moon and the other stars, their relative speed, their revolutions, and their other changes, and why the active or passive condition of each of them is for the best. For I never imagined that, when he said they were ordered by intelligence, he would introduce any other cause for these things than that it is best for them to be as they are. So I thought when he assigned the cause of each thing and of all things in common he would go on and explain what is best for each and what is good for all in common. I prized my hopes very highly, and I seized the books very eagerly and read them as fast as I could, that I might know as fast as I could about the best and the worst.

"My glorious hope, my friend, was quickly snatched away from me. As I went on with my reading I saw that the man made no use of intelligence, and did not assign any real causes for the ordering of things, but mentioned as causes air and ether and water and many other absurdities. And it seemed to me it was very much as if one should say that Socrates does with intelligence whatever he does, and then, in trying to give the causes of the particular thing I do, should say first that I am now sitting here because my body is composed of bones and sinews, and the bones are hard and have joints which divide them and the sinews can be contracted and relaxed and with the flesh and the skin which contains them all, are laid about the bones; and so, as the bones are hung loose in their ligaments, the sinews, by relaxing and contracting, make me able to bend my limbs now, and that is the cause of my sitting here with my legs bent. Or as if in the same way he should give voice and air and hearing and countless other things of the sort as causes for our talking with each other, and should fail to mention the real causes which are, that the Athenians decided that it was best to condemn me, and therefore I have decided that it was best for me to sit here and that it is right for me to stay and undergo whatever penalty they order. For, by the Dog, I fancy these bones and sinews of mine would have been in Megara or Boeotia long ago, carried thither by an opinion of what was best, if I did not think it was better and nobler to endure any penalty the city may inflict rather than to escape and run away. But it is most absurd to call things of that sort causes. If anyone were to say that I could not have done what I thought proper if I had not bones and sinews and other things that I have, he would be right. But to say that those things are the cause of my doing what I do, and that I act with intelligence but not from the choice of what is best, would be an extremely careless way of talking. Whoever talks in that way is unable to make a distinction and to see that in reality a cause is one thing, and the thing without which the cause could never be a cause is quite another thing. And so it seems to me that most people, when they give the name of cause to the latter, are groping in the dark, as it were, and are giving it a name that does not belong to it. And so one man makes the earth stay below the heavens by putting a vortex about it, and another regards the earth as a flat trough supported on a foundation of air; but they do not look for the power which causes things to be now placed as it is best for them to be placed, nor do they think it has any divine force, but they think they can find a new Atlas more powerful and more immortal and more all-embracing than this, and in truth they give no thought to the good, which must embrace and hold together all things. Now I would gladly be the pupil of anyone who would teach me the nature of such a cause; but since that was denied me and I was not able to discover it myself or to learn of it from anyone else, do you wish me, Cebes," said he, "to give you an account of the way in which I have conducted my second voyage in quest of the cause?"

"I wish it with all my heart," he replied.

"After this, then," said he, "since I had given up investigating realities, I decided that I must be careful not to suffer the misfortune which happens to people who look at the sun and watch it during an eclipse. For some of them ruin their eyes unless they look at its image in water or something of the sort. I thought of that danger, and I was afraid my soul would be blinded if I looked at things with my eyes and tried to grasp them with any of my senses. So I thought I must have recourse to conceptions and examine in them the truth of realities. Now perhaps my metaphor is not quite accurate; for I do not grant in the least that he who studies realities by means of conceptions is looking at them in images any more than he who studies them in the facts of daily life. However, that is the way I began. I assume in each case some principle which I consider strongest, and whatever seems to me to agree with this, whether relating to cause or to anything else, I regard as true, and whatever disagrees with it, as untrue. But I want to tell you more clearly what I mean; for I think you do not understand now."

"Not very well, certainly," said Cebes.

"Well," said Socrates, "this is what I mean. It is nothing new, but the same thing I have always been saying, both in our previous conversation and elsewhere. I am going to try to explain to you the nature of that cause which I have been studying, and I will revert to those familiar subjects of ours as my point of departure and assume that there are such things as absolute beauty and good and greatness and the like. If you grant this and agree that these exist, I believe I shall explain cause to you and shall prove that the soul is immortal."

"You may assume," said Cebes, "that I grant it, and go on."

"Then," said he, "see if you agree with me in the next step. I think that if anything is beautiful besides absolute beauty it is beautiful for no other reason than because it partakes of absolute beauty; and this applies to everything. Do you assent to this view of cause?"

"I do," said he.

"Now I do not yet, understand," he went on, "nor can I perceive those other ingenious causes. If anyone tells me that what makes a thing beautiful is its lovely colour, or its shape or anything else of the sort, I let all that go, for all those things confuse me, and I hold simply and plainly and perhaps foolishly to this, that nothing else makes it beautiful but the presence or communion (call it which you please) of absolute beauty, however it may have been gained; about the way in which it happens, I make no positive statement as yet, but I do insist that beautiful things are made beautiful by beauty. For I think this is the safest answer I can give to myself or to others, and if I cleave fast to this, I think I shall never be overthrown, and I believe it is safe for me or anyone else to give this answer, that beautiful things are beautiful through beauty. Do you agree?"

"I do."

"And great things are great and greater things greater by greatness, and smaller things smaller by smallness?"

"Yes."

"And you would not accept the statement, if you were told that one man was greater or smaller than another by a head, but you would insist that you say only that every greater thing is greater than another by nothing else than greatness, and that it is greater by reason of greatness, and that which is smaller is smaller by nothing else than smallness and is smaller by reason of smallness. For you would, I think, be afraid of meeting with the retort, if you said that a man was greater or smaller than another by a head, first that the greater is greater and the smaller is smaller by the same thing, and secondly, that the greater man is greater by a head, which is small, and that it is a monstrous thing that one is great by something that is small. Would you not be afraid of this?"

And Cebes laughed and said, "Yes, I should."

"Then," he continued, "you would be afraid to say that ten is more than eight by two and that this is the reason it is more. You would say it is more by number and by reason of number; and a two-cubit measure is greater than a one-cubit measure not by half but by magnitude, would you not? For you would have the same fear."

"Certainly," said he.

"Well, then, if one is added to one or if one is divided, you would avoid saying that the addition or the division is the cause of two? You would exclaim loudly that you know no other way by which anything can come into existence than by participating in the proper essence of each thing in which it participates, and therefore you accept no other cause of the existence of two than participation in duality, and things which are to be two must participate in duality, and whatever is to be one must participate in unity, and you would pay no attention to the divisions and additions and other such subtleties, leaving those for wiser men to explain. You would distrust your inexperience and would be afraid, as the saying goes, of your own shadow; so you would cling to that safe principle of ours and would reply as I have said. And if anyone attacked the principle, you would pay him no attention and you would not reply to him until you had examined the consequences to see whether they agreed with one another or not; and when you had to give an explanation of the principle, you would give it in the same way by assuming some other principle which seemed to you the best of the higher ones, and so on until you reached one which was adequate. You would not mix things up, as disputants do, in talking about the beginning and its consequences, if you wished to discover any of the realities; for perhaps not one of them thinks or cares in the least about these things. They are so clever that they succeed in being well pleased with themselves even when they mix everything up; but if you are a philosopher, I think you will do as I have said."

"That is true," said Simmias and Cebes together.

ECHECRATES. By Zeus, Phaedo, they were right. It seems to me that he made those matters astonishingly clear, to anyone with even a little sense.

PHAEDO. Certainly, Echecrates, and all who were there thought so, too.

ECHECRATES. And so do we who were not there, and are hearing about it now. But what was said after that?

PHAEDO. As I remember it, after all this had been admitted, and they had agreed that each of the abstract qualities exists and that other things which participate in these get their names from them, then Socrates asked: "Now if you assent to this, do you not, when you say that Simmias is greater than Socrates and smaller than Phaedo, say that there is in Simmias greatness and smallness?"

"Yes."

"But," said Socrates, "you agree that the statement that Simmias is greater than Socrates is not true as stated in those words. For Simmias is not greater than Socrates by reason of being Simmias, but by reason of the greatness he happens to have; nor is he greater than Socrates because Socrates is Socrates, but because Socrates has smallness relatively to his greatness."

"True."

"And again, he is not smaller than Phaedo because Phaedo is Phaedo, but because Phaedo has greatness relatively to Simmias's smallness."

"That is true."

"Then Simmias is called small and great, when he is between the two, surpassing the smallness of the one by exceeding him in height, and granting to the other the greatness that exceeds his own smallness." And he laughed and said, "I seem to be speaking like a legal document, but it really is very much as I say."

Simmias agreed.

"I am speaking so because I want you to agree with me. I think it is evident not only that greatness itself will never be great and also small, but that the greatness in us will never admit the small or allow itself to be exceeded. One of two things must take place: either it flees or withdraws when its opposite, smallness, advances toward it, or it has already ceased to exist by the time smallness comes near it. But it will not receive and admit smallness, thereby becoming other than it was. So I have received and admitted smallness and am still the same small person I was; but the greatness in me, being great, has not suffered itself to become small. In the same way the smallness in us will never become or be great, nor will any other opposite which is still what it was, ever become or be also its own opposite. It either goes away or loses its existence in the change."

"That," said Cebes, "seems to me quite evident."

Then one of those present—I don't just remember who it was—said: "In Heaven's name, is not this present doctrine the exact opposite of what was admitted in our earlier discussion, that the greater is generated from the less and the less from the greater and that opposites are always generated from their opposites? But now it seems to me we are saying that this can never happen."

Socrates cocked his head on one side and listened.

"You have spoken up like a man," he said, "but you do not observe the difference between the present doctrine and what we said before. We said before that in the case of concrete things opposites are generated from opposites; whereas now we say that the abstract concept of an opposite can never become its own opposite, either in us or in the world about us. Then we were talking about things which possess opposite qualities and are called after them, but now about those very opposites the immanence of which gives the things their names. We say that these latter can never be generated from each other."

At the same time he looked at Cebes and said: "And you—are you troubled by any of our friends' objections?"

"No," said Cebes, "not this time; though I confess that objections often do trouble me."

"Well, we are quite agreed," said Socrates, "upon this, that an opposite can never be its own opposite."

"Entirely agreed," said Cebes.

"Now," said he, "see if you agree with me in what follows: Is there something that you call heat and something you call cold?"

"Yes."

"Are they the same as snow and fire?"

"No, not at all."

"But heat is a different thing from fire and cold differs from snow?"

"Yes."

"Yet I fancy you believe that snow, if (to employ the form

of phrase we used before) it admits heat, will no longer be what it was, namely snow, and also warm, but will either withdraw when heat approaches it or will cease to exist."

"Certainly."

"And similarly fire, when cold approaches it, will either withdraw or perish. It will never succeed in admitting cold and being still fire, as it was before, and also cold."

"That is true," said he.

"The fact is," said he, "in some such cases, that not only the abstract idea itself has a right to the same name through all time, but also something else, which is not the idea, but which always, whenever it exists, has the form of the idea. But perhaps I can make my meaning clearer by some examples. In numbers, the odd must always have the name of odd, must it not?"

"Certainly."

"But is this only thing so called (for this is what I mean to ask), or is there something else, which is not identical with the odd but nevertheless has a right to the name of odd in addition to its own name, because it is of such a nature that it is never separated from the odd? I mean, for instance, the number three, and there are many other examples. Take the case of three; do you not think it may always be called by its own name and also be called odd, which is not the same as three? Yet the number three and the number five and half of numbers in general are so constituted, that each of them is odd though not identified with the idea of odd. And in the same way two and four and all the other series of numbers are even, each of them, though not identical with evenness. Do you agree, or not?"

"Of course," he replied.

"Now see what I want to make plain. This is my point, that not only abstract opposites exclude each other, but all things which, although not opposites one to another, always contain opposites; these also, we find, exclude the idea which is opposed to the idea contained in them, and when it approaches they either perish or withdraw. We must certainly agree that the number three will endure destruction or anything else rather than submit to becoming even, while still remaining three, must we not?"

"Certainly," said Cebes.

"But the number two is not the opposite of the number three."

"No."

"Then not only opposite ideas refuse to admit each other when they come near, but certain other things refuse to admit the approach of opposites."

"Very true," he said.

"Shall we then," said Socrates, "determine if we can,

what these are?"

"Certainly."

"Then, Cebes, will they be those which always compel anything of which they take possession not only to take their form but also that of some opposite?"

"What do you mean?"

"Such things as we were speaking of just now. You know of course that those things in which the number three is an essential element must be not only three but also odd."

"Certainly."

"Now such a thing can never admit the idea which is the opposite of the concept which produces this result."

"No, it cannot."

"But the result was produced by the concept of the odd?"

"Yes."

"And the opposite of this is the idea of the even?"

"Yes."

"Then the idea of the even will never be admitted by the number three."

"No."

"Then three has no part in the even."

"No, it has none."

"Then the number three is uneven."

"Yes."

"Now I propose to determine what things, without being the opposites of something, nevertheless refuse to admit it, as the number three, though it is not the opposite of the idea of even, nevertheless refuses to admit it, but always brings forward its opposite against it, and as the number two brings forward the opposite of the odd and fire that of cold and so forth, for there are plenty of examples. Now see if you accept this statement: not only will opposites not admit their opposites, but nothing which brings an opposite to that which it approaches will ever admit in itself the oppositeness of that which is brought. Now let me refresh your memory; for there is no harm in repetition. The number five will not admit the idea of the even, nor will ten, the double of five, admit the idea of the odd. Now ten is not itself an opposite, and yet it will not admit the idea of the odd; and so one-and-a-half and other mixed fractions and one-third and other simple fractions reject the idea of the whole. Do you go with me and agree to this?"

"Yes, I agree entirely," he said, "and am with you."

"Then," said Socrates, "please begin again at the beginning. And do not answer my questions in their own words, but do as I do. I give an answer beyond that safe answer which I spoke of at first, now that I see another safe reply deduced from what has just been said. If you ask me what causes anything in which it is to be hot, I will not give you that safe but stupid answer and say that it is heat, but I can now give a more refined answer, that it is fire; and if you ask, what causes the body in which it is to be ill, I shall not say illness, but fever; and if you ask what causes a number in which it is to be odd, I shall not say oddness, but the number one, and so forth. Do you understand sufficiently what I mean?"

"Quite sufficiently," he replied.

"Now answer," said he. "What causes the body in which it is to be alive?"

"The soul," he replied.

"Is this always the case?"

"Yes," said he, "of course."

"Then if the soul takes possession of anything it always brings life to it?"

"Certainly," he said.

"Is there anything that is the opposite of life?"

"Yes," said he.

"What?"

"Death."

"Now the soul, as we have agreed before, will never admit the opposite of that which it brings with it."

"Decidedly not," said Cebes.

"Then what do we now call that which does not admit the idea of the even?"

"Uneven," said he.

"And those which do not admit justice and music?"

"Unjust," he replied, "and unmusical."

"Well then what do we call that which does not admit death?"

"Deathless or immortal," he said.

"And the soul does not admit death?"

"No."

"Then the soul is immortal."

"Yes."

"Very well," said he. "Shall we say then that this is proved?"

"Yes, and very satisfactorily, Socrates."

"Well then, Cebes," said he, "if the odd were necessarily imperishable, would not the number three be imperishable?"

"Of course."

"And if that which is without heat were imperishable, would not snow go away whole and unmelted whenever heat was brought in conflict with snow? For it could not have been destroyed, nor could it have remained and admitted the heat."

"That is very true," he replied.

"In the same way, I think, if that which is without cold were imperishable, whenever anything cold approached fire, it would never perish or be quenched, but would go away unharmed."

"Necessarily," he said.

"And must not the same be said of that which is immortal? If the immortal is also imperishable, it is impossible for the soul to perish when death comes against it. For, as our argument has shown, it will not admit death and will not be dead, just as the number three, we said, will not be even, and the odd will not be even, and as fire, and the heat in the fire, will not be cold. But, one might say, why is it not possible that the odd does not become even when the even comes against it (we agreed to that), but perished, and the even takes its place? Now we cannot silence him who raises this question by saying that it does not perish, for the odd is not imperishable. If that were conceded to us, we could easily silence him by saying that when the even approaches, the odd and the number three go away; and we could make the corresponding reply about fire and heat and the rest, could we not?"

"Certainly."

"And so, too, in the case of the immortal; if it is conceded that the immortal is imperishable, the soul would be imperishable as well as immortal, but if not, further argument is needed."

"But," he said, "it is not needed, so far as that is concerned; for surely nothing would escape destruction, if the immortal, which is everlasting, is perishable."

"All, I think," said Socrates, "would agree that God and

the principle of life, and anything else that is immortal, can never perish."

"All men would, certainly," said he, "and still more, I fancy, the Gods."

"Since, then, the immortal is also indestructible, would not the soul, if it is immortal, be also imperishable?"

"Necessarily."

"Then when death comes to a man, his mortal part, it seems, dies, but the immortal part goes away unharmed and undestroyed, withdrawing from death."

"So it seems."

"Then, Cebes," said he, "it is perfectly certain that the soul is immortal and imperishable, and our souls will exist somewhere in another world."

"I," said Cebes, "have nothing more to say against that, and I cannot doubt your conclusions. But if Simmias, or anyone else, has anything to say, he would do well to speak, for I do not know to what other time than the present he could defer speaking, if he wishes to say or hear anything about those matters."

"But," said Simmias, "I don't see how I can doubt, either, as to the result of the discussion; but the subject is so great, and I have such a poor opinion of human weakness, that I cannot help having some doubt in my own mind about what has been said."

"Not only that, Simmias," said Socrates, "but our first assumptions ought to be more carefully examined, even though they seem to you to be certain. And if you analyse them completely, you will, I think, follow and agree with the argument, so far as it is possible for man to do so. And if this is made clear, you will seek no farther."

"That is true," he said.

"But my friends," he said, "we ought to bear in mind, that, if the soul is immortal, we must care for it not only in respect to this time, which we call life, but in respect to all time, and if we neglect it, the danger now appears to be terrible. For if death were an escape from everything, it would be a boon to the wicked, for when they die they would be freed from the body and from their wickedness together with their souls. But now, since the soul is seen to be immortal, it cannot escape from evil or be saved in any other way than by becoming as good and wise as possible. For the soul takes with it to the other world nothing but its education and nurture, and these are said to benefit or injure the departed greatly from the very beginning of his journey thither. And so it is said that after death, the tutelary genius of each person, to whom he had been allotted in life, leads him to a place where the dead are gathered together; then they are judged and depart to the other world with the guide whose task it is to conduct thither those who come from this world; and when they have there received their due and remain through the time appointed, another guide brings them back after many long periods of time. And the journey is not as Telephus says in the play of Aeschylus; for he says a simple path leads to the lower world, but I think the path is neither simple nor single, for if it were, there would be no need of guides, since no one could miss the way to any place if there were only one road. But really there seem to be many forks of the road and many windings; this I infer from the rites and ceremonies practised here on earth. Now the orderly and wise soul follows its guide and understands its circumstances; but the soul that is desirous of the body, as I said before, flits about it, and in the visible world for a long time, and after much resistance and many sufferings is led away with violence and with difficulty by its appointed genius. And when it arrives at the place where the other souls are, the soul which is impure and has done wrong, by committing wicked murders or other deeds akin to those and the works of kindred souls, is avoided and shunned by all, and no one is willing to be its companion or its guide, but it wanders about alone in utter bewilderment, during certain fixed times, after which it is carried by necessity to its fitting habitation. But the soul that has passed through life in purity and righteousness, finds gods for companions and guides, and goes to dwell in its proper dwelling. Now there are many wonderful regions of the earth, and the earth itself is neither in size nor in other respects such as it is supposed to be by those who habitually discourse about it, as I believe on someone's authority."

And Simmias said, "What do you mean, Socrates? I have heard a good deal about the earth myself, but not what you believe; so I should like to hear it."

"Well Simmias, I do not think I need the art of Glaucus to tell what it is. But to prove that it is true would, I think, be too hard for the art of Glaucus, and perhaps I should not be able to do it; besides, even if I had the skill, I think my life, Simmias, will end before the discussion could be finished. However, there is nothing to prevent my telling what I believe the form of the earth to be, and the regions in it."

"Well," said Simmias, "that will be enough."

"I am convinced, then," said he, "that in the first place, if the earth is round and in the middle of the heavens, it needs neither the air nor any other similar force to keep it from falling, but its own equipoise and the homogeneous nature of the heavens on all sides suffice to hold it in place; for a body which is in equipoise and is placed in the centre of something which is homogeneous cannot change its inclination in any direction, but will remain always in the same position. This, then, is the first thing of which I am convinced."

"And rightly," said Simmias.

"Secondly," said he, "I believe that the earth is very large and that we who dwell between the pillars of Hercules and the river Phasis live in a small part of it about the sea, like ants or frogs about a pond, and that many other people live in many other such regions. For I believe there are in all directions on the earth many hollows of very various forms and sizes, into which the water and mist and air have run together; but the earth itself is pure and is situated in the pure heaven in which the stars are, the heaven which those who discourse about such matters call the ether; the water, mist and air are the sediment of this and flow together into the hollows of the earth. Now we do not perceive that we live in the hollows, but think we live on the upper surface of the earth, just as if someone who lives in the depth of the ocean should think he lived on the surface of the sea, and, seeing the sun and the stars through the water, should think the sea was the sky, and should, by reason of sluggishness or feebleness, never have reached the surface of the sea, and should never have seen, by rising and lifting his head out of the sea into our upper world, and should never have heard from anyone who had seen, how much purer and fairer it is than the world he lived in. Now I believe this is just the case with us; for we dwell in a hollow of the earth and think we dwell on its upper surface; and the air we call the heaven, and think that is the heaven in which the stars move. But the fact is the same, that by reason of feebleness and sluggishness, we are unable to attain to the upper surface of the air; for if anyone should come to the top of the air or should get wings and fly up, he could lift his head above it and see, as fishes lift their heads out of the water and see the things in our world, so he would see things in that upper world; and, if his nature were strong enough to bear the sight, he would recognise that that is the real heaven and the real light and the real earth. For this earth of ours, and the stones and the whole region where we live, are injured and corroded, as in the sea things are injured by the brine, and nothing of any account grows in the sea, and there is, one might say, nothing perfect there, but caverns and sand and endless mud and mire, where there is earth also, and there is nothing at all worthy to be compared with the beautiful things of our world. But the things in that world above would be seen to be even more superior to those in this world of ours. If I may tell a story, Simmias, about the things on the earth that is below the heaven, and what they are like, it is well worth hearing."

"By all means, Socrates," said Simmias; "we should be glad to hear this story."

"Well then, my friend," said he, "to begin with, the

earth when seen from above is said to look like those balls that are covered with twelve pieces of leather; it is divided into patches of various colours, of which the colours which we see here may be regarded as samples, such as painters use. But there the whole earth is of such colours, and they are much brighter and purer than ours; for one part is purple of wonderful beauty, and one is golden, and one is white, whiter than chalk or snow, and the earth is made up of the other colours likewise, and they are more in number and more beautiful than those which we see here. For those very hollows of the earth which are full of water and air, present an appearance of colour as they glisten amid the variety of the other colours, so that the whole produces one continuous effect of variety. And in this fair earth the things that grow, the trees, and flowers and fruits, are correspondingly beautiful; and so too the mountains and the stones are smoother, and more transparent and more lovely in colour than ours. In fact, our highly prized stones, sards and jaspers, and emeralds, and other gems, are fragments of those there, but there everything is like these or still more beautiful. And the reason of this is that there the stones are pure, and not corroded or defiled, as ours are, with filth and brine by the vapours and liquids which flow together here and which cause ugliness and disease in earth and stones and animals and plants. And the earth there is adorned with all these jewels and also with gold and silver and everything of the sort. For there they are in plain sight, abundant and large and in many places, so that the earth is a sight to make those blessed who look upon it. And there are many animals upon it, and men also, some dwelling inland, others on the coasts of the air, as we dwell about the sea, and others on islands, which the air flows around, near the mainland; and in short, what water and the sea are in our lives, air is in theirs, and what the air is to us, ether is to them. And the seasons are so tempered that people there have no diseases and live much longer than we, and in sight and hearing and wisdom and all such things are as much superior to us as air is purer than water or the ether than air. And they have sacred groves and temples of the gods, in which the gods really dwell, and they have intercourse with the gods by speech and prophecies and visions, and they see the sun and moon and stars as they really are, and in all other ways their blessedness is in accord with this.

"Such then is the nature of the earth as a whole, and of the things around it. But round about the whole earth, in the hollows of it, are many regions, some deeper and wider than that in which we live, some deeper but with a narrower opening than ours, and some also less in depth and wider. Now all these are connected with one another by many subterranean channels, some larger and some smaller, which are bored in all of them, and there are passages through which much water flows from one to another as into mixing bowls; and there are everlasting rivers of huge size under the earth, flowing with hot and cold water; and there is much fire, and great rivers of fire, and many streams of mud, some thinner and some thicker, like the rivers of mud that flow before the lava in Sicily, and the lava itself. These fill the various regions as they happen to flow to one or another at any time. Now a kind of oscillation within the earth moves all these up and down. And the nature of the oscillation is as follows: One of the chasms of the earth is greater than the rest, and is bored right through the whole earth; this is the one which Homer means when he says:

Far off, the lowest abyss beneath the earth;

and which elsewhere he and many other poets have called Tartarus. For all the rivers flow together into this chasm and flow out of it again, and they have each the nature of the earth through which they flow. And the reason why all the streams flow in and out here is that this liquid matter has no bottom or foundation. So it oscillates and waves up and down, and the air and wind about it do the same; for they follow the liquid both when it moves toward the other side of the earth and when it moves toward this side, and just as the breath of those who breathe blows in and out, so the wind there oscillates with the liquid and causes terrible and irresistible blasts as it rushes in and out. And when the water retires to the region which we call the lower, it flows into the rivers there and fills them up, as if it were pumped into them; and when it leaves that region and comes back to this side, it fills the rivers here; and when the streams are filled they flow through the passages and through the earth and come to the various places to which their different paths lead, where they make seas and marshes, and rivers and springs. Thence they go down again under the earth, some passing around many great regions and others around fewer and smaller places, and flow again into Tartarus, some much below the point where they were sucked out, and some only a little; but all flow in below their exit. Some flow in on the side from which they flowed out, others on the opposite side; and some pass completely around in a circle, coiling about the earth once or several times, like serpents, then descend to the lowest possible depth and fall again into the chasm. Now it is possible to go down from each side to the centre, but not beyond, for there the slope rises upward in front of the streams from either side of the earth.

"Now these streams are many and great and of all sorts, but among the many are four streams, the greatest and outermost of which is that called Oceanus, which flows round in a circle, and opposite this, flowing in the opposite direction, is

Acheron, which flows through various desert places and, passing under the earth, comes to the Acherusian lake. To this lake the souls of most of the dead go and, after remaining there the appointed time, which is for some longer and for others shorter, are sent back to be born again into living beings. The third river flows out between these two, and near the place whence it issues it falls into a vast region burning with a great fire and makes a lake larger than our Mediterranean sea, boiling with water and mud. Thence it flows in a circle, turbid and muddy, and comes in its winding course, among other places, to the edge of the Acherusian lake, but does not mingle with its water. Then, afrer winding about many times underground, it flows into Tartarus at a lower level. This is the river which is called Pyriphlegethon, and the streams of lava which spout up at various places on earth are offshoots from it. Opposite this the fourth river issues, it is said, first into a wild and awful place, which is all of a dark blue colour, like lapis lazuli. This is called the Stygian river, and the lake which it forms by flowing in is the Styx. And when the river has flowed in here and has received fearful powers into its waters, it passes under the earth and, circling round in the direction opposed to that of Pyriphlegethon, it meets it coming from the other way in the Acherusian lake. And the water of this river also mingles with no other water, but this also passes round in a circle and falls into Tartarus opposite Pyriphlegethon. And the name of this river, as the poets say, is Cocytus.

"Such is the nature of these things. Now when the dead have come to the place where each is led by his genius, first they are judged and sentenced, as they have lived well and piously, or not. And those who are found to have lived neither well nor ill, go to the Acheron and, embarking upon vessels provided for them, arrive in them at the lake; there they dwell and are purified, and if they have done any wrong they are absolved by paying the penalty for their wrong doings, and for their good deeds they receive rewards, each according to his merits. But those who appear to be incurable, on account of the greatness of their wrongdoings, because they have committed many great deeds of sacrilege, or wicked and abominable murders, or any other such crimes, are cast by their fitting destiny into Tartarus, whence they never emerge. Those, however, who are curable, but are found to have committed great sins—who have, for example, in a moment of passion done some act of violence against father or mother and have lived in repentance the rest of their lives, or who have slain some other person under similar conditions—these must needs be thrown into Tartarus, and when they have been there a year the wave casts them out, the homicides by way of Cocytus, those who have outraged their parents by way of Pyriphlegethon. And when they have been brought by the current to the Acherusian lake, they shout and cry out, calling to those whom they have slain or outraged, begging and beseeching them to be gracious and to let them come out into the lake; and if they prevail they come out and cease from their ills, but if not, they are borne away again to Tartarus and thence back into the rivers, and this goes on until they prevail upon those whom they have wronged; for this is the penalty imposed upon them by the judges. But those who are found to have excelled in holy living are freed from these regions within the earth and are released as from prisons; they mount upward into their pure abode and dwell upon the earth. And of these, all who have duly purified themselves by philosophy live henceforth altogether without bodies, and pass to still more beautiful abodes which it is not easy to describe, nor have we now time enough."

"But, Simmias, because of all these things which we have recounted we ought to do our best to acquire virtue and wisdom in life. For the prize is fair and the hope great."

"Now it would not be fitting for a man of sense to maintain that all this is just as I have described it, but that this or something like it is true concerning our souls and their abodes, since the soul is shown to be immortal, I think he may properly and worthily venture to believe; for the venture is well worth while; and he ought to repeat such things to himself as if they were magic charms, which is the reason why I have been lengthening out the story so long. This then is why a man should be of good cheer about his soul, who in his life has rejected the pleasures and ornaments of the body, thinking they are alien to him and more likely to do him harm than good, and has sought eagerly for those of learning, and after adorning his soul with no alien ornaments, but with its own proper adornment of self-restraint and justice and courage and freedom and truth, awaits his departure to the other world, ready to go when fate calls him. You, Simmias and Cebes and the rest," he said, "will go hereafter, each in his own time; but I am now already, as a tragedian would say, called by fate, and it is about time for me to go to the bath; for I think it is better to bathe before drinking the poison, that the women may not have the trouble of bathing the corpse."

When he had finished speaking, Crito said: "well, Socrates, do you wish to leave any directions with us about your children or anything else—anything we can do to serve you?"

"What I always say, Crito," he replied, "nothing new. If you take care of yourselves you will serve me and mine and yourselves, whatever you do, even if you make no promises now; but if you neglect yourselves and are not willing to live following step by step, as it were, in the path marked out by our present and past discussions, you will accomplish nothing, no matter how much or how eagerly you promise at present."

"We will certainly try hard to do as you say," he replied. "But how shall we bury you?"

"However you please," he replied, "if you can catch me and I do not get away from you." And he laughed gently, and looking towards us, said: "I cannot persuade Crito, my friends, that the Socrates who is now conversing and arranging the details of his argument is really I; he thinks I am the one whom he will presently see as a corpse, and he asks how to bury me. And though I have been saying at great length that after I drink the poison I shall no longer be with you, but shall go away to the joys of the blessed you know of, he seems to think that was idle talk uttered to encourage you and myself. So," he said, "give security for me to Crito, the opposite of that which he gave the judges at my trial; for he gave security that I would remain, but you must give security that I shall not remain when I die, but shall go away, so that Crito may bear it more easily, and may not be troubled when he sees my body being burnt or buried, or think I am undergoing terrible treatment and may not say at the funeral that he is laying out Socrates, or following him to the grave, or burying him. For, dear Crito , you may be sure that such wrong words are not only undesirable in themselves, but they infect the soul with evil. No, you must be of good courage, and say that you bury my body, —and bury it as you think best and as seems to you most fitting."

When he had said this, he got up and went into another room to bathe; Crito followed him, but he told us to wait. So we waited, talking over with each other and discussing the discourse we had heard, and then speaking of the great misfortune that had befallen us, for we felt that he was like a father to us and that when bereft of him we should pass the rest of our lives as orphans. And when he had bathed and his children had been brought to him—for he had two little sons and one big one—and the women of the family had come, he talked with them in Cirto's presence and gave them such directions as he wished; then he told the women to go away, and he came to us. And it was now nearly sunset; for he had spent a long time within. And he came and sat down fresh from the bath. After that not much was said, and the servant of the eleven came and stood beside him and said: "Socrates, I shall not find fault with you, as I do with others, for being angry and cursing me, when at the behest of the authorities, I tell them to drink the poison. No, I have found you in all this time in every way the noblest and gentlest and best man who has ever come here, and now I know your anger is directed against others, not against me, for you know who are to blame. Now, for you know the message I came to bring you, farewell and try to bear what you must as easily as you can." And he burst into tears and turned and went away. And Socrates looked up at him and said: "Fare you well, too; I will do as you say." And then he said to us: "How charming the man is! Ever since I have been here he has been coming to see me and talking with me from time to time, and has been the best of men, and now how nobly he weeps for me! But come, Crito, let us obey him, and let someone bring the poison, if it is ready; and if not, let the man prepare it." And Crito said: "But I think, Socrates, the sun is still upon the mountains and has not yet set; and I know that others have taken the poison very late, after the order has come to them, and in the meantime have eaten and drunk and some of them enjoyed the society of those whom they loved. Do not hurry; for there is still time."

And Socrates said: "Crito, those whom you mention are right in doing as they do, for they think they gain by it; and I shall be right in not doing as they do; for I think I should gain nothing by taking the poison a little later. I should only make myself ridiculous in my own eyes if I clung to life and spared it, when there is no more profit in it. Come," he said, "do as I ask and do not refuse."

Thereupon Crito nodded to the boy who was standing near. The boy went out and stayed a long time, then came back with the man who was to administer the poison, which he brought with him in a cup ready for use. And when Socrates saw him, he said: "Well, my good man, you know about these things; what must I do?" "Nothing," he replied, "except drink the poison and walk about till your legs feel heavy; then lie down, and the poison will take effect of itself."

At the same time he held out the cup to Socrates. He took it, and very gently, Echecrates, without trembling or changing colour or expression, but looking up at the man with wide open eyes, as was his custom, said: "What do you say about pouring a libation to some deity from this cup? May I, or not?" "Socraetes," said he, "we prepare only as much as we think is enough." "I understand," said Socrates; "but I may and must pray to the gods that my departure hence be a fortunate one; so I offer this prayer, and may it be granted." With these words he raised the cup to his lips and very cheerfully and quietly drained it. Up to that time most of us had been able to restrain our tears fairly well, but when we watched him drinking and saw that he had drunk the poison, we could do so no longer, but in spite of myself my tears rolled down in floods, so that I wrapped my face in my cloak and wept for myself; for it was not for him that I wept, but for my own misfortune in being deprived of such a friend. Crito had got up and gone away even before I did, because he could not restrain his tears. But Apollodorus, who had been weeping all the time before, then wailed aloud in his grief and made us all break down, except Socrates himself. But he said, "What conduct is this, you strange men! I sent the women away chiefly for this very reason, that they might not behave in this absurd way; for I have heard that it is best to die in silence. Keep quiet and be brave." Then we were ashamed and controlled our tears. He walked about and, when he said his legs were heavy, lay down on his back, for such was the advice of the attendant. The man who had administered the poison laid his hands on him and after a while examined his feet and legs, then pinched his foot hard and asked if he felt it. He said "No"; then after that, his thighs; and passing upwards in this way he showed us that he was growing cold and rigid. And again he touched him and said that when it reached his heart, he would be gone. The chill had now reached the region about the groin, and uncovering his face, which had been covered, he said—and these were his last words— "Crito, we owe a cock to Aesculapius. Pay it and do not neglect it." "That," said Crito, "shall be done; but see if you have anything else to say." To this question he made no reply, but after a little while he moved; the attendant uncovered him; his eyes were fixed. And Crito when he saw it, closed his mouth and eyes.

Such was the end, Echecrates, of our friend, who was, as we may say, of all those of his time whom we have known, the best and wisest and most righteous man.

译后记

我不识古希腊文，对哲学也一无所知。但作为一个外国文学研究者，知道柏拉图对西洋文学有广泛而深远的影响，也知道《斐多》是一篇绝妙好辞。我没有见到过这篇对话的中文翻译。我正试图做一件力不能及的事，投入全部心神而忘掉自己。所以我大胆转译这篇不易翻译的对话。我所有的参考书不多。我既不识古希腊文，讲解《斐多》原文的英文注释给我的帮助就不免大打折扣。可是很有趣，我译到一句怎么也解不通的英语，查看哈佛经典丛书版的英译，虽然通顺，却和我根据的英译文有距离；再查看注释本，才知道这是注释原文的专家们一致认为全篇最难解的难句。我依照注释者都同意的解释，再照译原译文，就能译出通达的话来。我渐次发现所有的疑难句都是须注解的句子。由此推断，我根据的译文准是一字一句死盯着原文的。我是按照自己翻译的惯例，一句句死盯着原译文而力求通达流畅。苏格拉底和朋友们的谈论，该是随常的谈话而不是哲学论文或哲学座谈会上的讲稿，所以我尽量避免哲学术语，努力把这篇盛称语言生动如戏剧的对话译成戏剧似的对话。但我毕竟是个不够资格而力不从心的译者，免不了有各方面的错误。希望专家们予以指正。

承德国国家博士莫芝宜佳教授百忙中为我作序，我感到非常荣幸，敬向她致谢。

杨　绛

一九九九年十二月十八日